LES MARIAGES D'AUJOURD'HUI

Coulommiers. — Typ. A. MOUSSIN et CH. UNSINGER.

PHILIBERT AUDEBRAND

LES MARIAGES D'AUJOURDHUI

PARIS
E. DENTU, ÉDITEUR
LIBRAIRE DE LA SOCIÉTÉ DES GENS DE LETTRES
PALAIS-ROYAL, 17 ET 19, GALERIE D'ORLÉANS

1865

AU DOCTEUR A. SAUREL

Depuis une trentaine d'années, vous le savez, mon ami, chacun de nous fait pour la famille ce que les filles du vieil Eson faisaient pour leur père; on la coupe par petits morceaux et on la jette ainsi dans le creuset de l'analyse en se berçant de l'espoir de la rajeunir. La mode veut surtout qu'on dise beaucoup de mal du mariage. Au théâtre, pas une pièce ne s'exempte de reproduire les moqueries surannées du temps d'autrefois, petites flèches émoussées qu'on cherche à donner pour neuves. Dans le roman, ce bâtard de l'Épopée, qui se donne de grands airs faute de savoir être simple, on déclame contre l'institution, qui n'a rien de parfait sans nul doute. Sous les doigts de la caricature, qui est l'art le plus en vogue parce qu'il est à la portée de tous les yeux, j'allais dire de tous les esprits, on ne voit naître que scènes grotesques, en y comprenant même la leçon de philosophie qu'a donnée Gavarni sous ce titre : *Les maris me font toujours rire.* Bref, pour me servir d'un mot du temps de Louis XV, le sacrement est sans relâche traité par les contemporains comme le cordonnier Bottom l'est dans le *Songe d'une nuit d'été* par Puck-le-Lutin.

Viennent ensuite les beaux diseurs, les Byrons désenchantés, qui exhalent le trop plein de leur vive amertume dans la pointe d'une épigramme ou dans le sanglot d'une élégie. L'un d'eux écrit sur l'album d'une grande dame du faubourg Saint-Germain : « A un enterrement je pleure quelque-« fois ; à une messe de mariage, je pleure tou-« jours. » Un autre, qui est un auteur dramatique des plus en renom, inscrit sur le livre de voyage d'un touriste russe, sorte d'Anacharsis qui est venu visiter notre Attique : « Il faut que la chaîne

« du mariage soit bien lourde, puisqu'on se met « à deux pour la porter, souvent à trois. » Les économistes doivent bien aussi être comptés pour quelque chose. En passant en revue les douleurs du prolétariat moderne, ils s'emportent tour à tour en plaintes et en imprécations. Pour interdire au pauvre le droit qui appartient à tout être animé, ils s'appuient sur les théories inhumaines de l'anglais Malthus, ce prêtre sans poésie et ce docteur sans science, qui passe pour un sage parce qu'il a mis en un gros volume de prose quatre vers d'un de nos ponts-neufs :

> Gai ! gai ! marions-nous !
> Vouons-nous à la misère !
> Gai ! gai ! marions-nous !
> Mettons-nous la corde au cou.

Cependant, mon ami, quand on se donne la peine de bien examiner les choses, on voit que toutes ces atteintes et ces âpres critiques n'y font rien. Il en est de même pour la glu de l'union Saint-Simonienne qui ressemble si bien à un bail emphytéotique, et de l'accord des Harmoniens, séduisante chimère qui ne pourrait être réalisée que pour une planète uniquement peuplée de poëtes et de musiciens. Il y a tous les jours, au milieu des vingt arrondissements de Paris, cent couples d'âmes naïves, riches ou pauvres, qui demandent à être appareillées par un magistrat en habit noir, au nom de la morale et de la loi.

Il est vrai que les critiques reviennent à la charge, afin de nous dire : « Eh ! consultez donc « au greffe du tribunal civil les demandes en sé- « paration de corps et de biens ! Comptez les « mauvais ménages ! Supputez les victimes de « l'un et de l'autre sexe ! Considérez, après la « lune de miel passée, la femme qui a déjà perdu « l'énergie de son vouloir. » C'est ainsi qu'on remet l'affaire en discussion. C'est comme cela que, se sentant plus d'audace, on restaure le dicton attribué à saint Paul : « Mariez-vous, vous « ferez bien ; — ne vous mariez pas, vous ferez « encore mieux. »

Le mariage mérite-t-il tout le mal qu'on se met à en dire?

Que de fois, le soir, à travers la pluie et le vent,

tout en nous reconduisant l'un et l'autre, bras dessus, bras dessous, sur la marge des Champs-Élysées, nous avons mêlé ce sujet de causerie à ceux qui nous sollicitent ! Vous dont la noble profession est de voir de près, du matin au soir, avec un soin que rien ne peut faire fléchir, les misères, les maux et les plaies sans nombre de notre brillant état social, vous savez peser le pour et le contre. En ne dissimulant rien, vous tenez pour le mariage et vous ne voulez pas souffrir qu'on ne le voie qu'en noir. L'attitude d'une femme au chevet d'un malade est ce qui vous touche le plus. L'aspect d'un enfant dans la mansarde d'un pauvre vous émeut, et vous nous dites que le prolétaire des grandes villes serait bien plus misérable encore s'il n'avait pas ce frêle trésor de tendresse à conserver. Et la femme du monde, qui trébucherait dans la coquetterie, vous nous la montrez retenue par des liens que tous les hommes, même les plus faciles, se glorifient d'avoir vu chez leurs proches.

Mais je ne voulais que dire un mot, en passant,

pour exprimer que le mariage n'est pas aussi mort que l'ont prétendu la statistique et l'épigramme, et voilà que je m'échappe presque dans un sermon. J'ai hâte de finir. Je ne viens pas soutenir de système. Je ne viens rien écrire de bien sérieux. Voici donc des Contes et des Nouvelles, de simples récits qui ont le mariage pour point de départ ou pour dénouement. En les lançant dans le monde, je ne puis mieux faire que de les mettre sous le patronage de votre constante et solide amitié. Il est certain que rien ne sera mieux fait pour leur porter bonheur.

P. A.

LES
MARIAGES D'AUJOURD'HUI

LA STATUETTE INDIENNE

Avant nous, on a écrit beaucoup de choses sur la puissance de la volonté. « L'homme est né libre ! » disent cent philosophes. Ces grands esprits ont attisé cette conviction en eux ; leur gloire consiste à la faire partager au pâle troupeau des fils d'Adam. « L'homme est né libre, » je ne sais pas de plus beau refrain, — mais il y a tel jour où je ne puis me défendre d'être fataliste comme un musulman. — Bien mieux, je rencontre à chaque pas, dans la vie, des têtes bien organisées qui ne redoutent point de s'arrêter à la théorie de la destinée formulée d'avance. — « Cela est, disent ceux-là, et il est clair que la chose ne pouvait pas arriver autrement. »

Un jeune homme du monde, Lucien Jarval, est devenu depuis trois ans un fataliste intrépide.

Il ne sera peut-être pas sans intérêt d'expliquer comment.

Dans l'été de 1853, un matin, Lucien faisait à pied le tour du lac d'Enghien pour se donner de l'appétit. Depuis cinq minutes il préparait, à son insu, une longue tirade contre ce lac bourgeois. Les habitants l'entretiennent dans un état de propreté qui fait venir à l'esprit l'idée des chaudrons de la ménagère flamande. Toute la commune veille sur cett pièce d'eau avec des lorgnettes. Ne jetez pas un cail lou sur la rive, vous seriez arrêté. Celui qui voudrai cueillir un brin d'herbe près de la marge courrai risque de se voir mettre les menottes. On a vu, u jour d'orage, le maire d'Enghien accourir, le mou choir à la main, pour épousseter son lac, dans le quel le vent lançait de la poussière. Or, Lucien réagissait contre une situation si intolérable.

— Est-il possible, s'écriait-il, que cette énorm carafe ait pu être aimée de ce même Jean-Jacque Rousseau qui avait joué, tout enfant, près des grand lacs suisses ?

Peut-être allait-il commencer une seconde phras

lorsqu'il vit venir à lui une jeune fille à visage chiffonné qui portait à la main un petit panier d'osier. C'était une de ces pythonisses qu'on rencontre en grand nombre dans les fêtes des environs de Paris. Le panier qu'elle portait à la main était encore à demi plein de ces noix dorées au fond desquelles on colle des horoscopes écrits par les poëtes de la rue des Lombards. De temps en temps elle faisait une petite pause et s'essuyait l'œil avec le coin de son tablier de taffetas. Cette posture lui donnait même une certaine ressemblance avec l'héroïne du charmant tableau de Greuse qui a pour titre : *la Cruche cassée.*

— Mon Dieu, qu'avez-vous donc à pleurer ainsi, la belle enfant ? lui demanda Lucien.

— Ah ! ne m'en parlez pas, monsieur ; il vient de m'arriver il n'y a pas dix minutes le plus grand des malheurs. Tenez, en attendant la pratique, je jouais, à cent pas d'ici, sur le bord de l'étang, à côté de cette touffe de roseaux. Voilà que tout à coup je vois sautiller une petite bête verte : c'était une grenouille. Je m'en empare, je veux l'envelopper dans la moitié d'un numéro de *la Patrie*, que voici au fond de mon panier ; mais, en même temps, une énorme main me saisit par le bras. Je reconnais le garde-champêtre. Cet homme nous entraîne, la grenouille et moi, par-devant les adjoints. — « Qu'a fait cette malheureuse ? » demanda le plus vénérable. — « Messieurs, elle a touché au lac. » — Tous deux lèvent les mains au ciel. — « Non-seulement elle a touché au lac, mais encore elle a attrapé une grenouille. » — Tous deux poussent un cri d'indignation. — « Non-seulement elle a attrapé une grenouille, mais encore cette grenouille est une grenouille verte. » Ici le cri se change en gémissement. — « Jugez-la, Messieurs, reprend le garde-champêtre. — « Jugeons-la, » reprirent-ils. — Ce ne fut pas long. — En vertu d'un arrêté imprimé, je fus condamnée à payer vingt sous d'amende pour avoir détérioré le lac, et à l'exil perpétuel d'Enghien pour avoir osé attraper une grenouille verte. — Voilà mon malheur, ajouta-t-elle : un franc retranché de ma recette d'hier et bannie ! — Qu'est-ce que je vais devenir avec ça ?

On a deviné, par ce qui précède, que Lucien Jarval était dans les meilleures dispositions du monde pour comprendre cette douleur. En moins de temps qu'il n'en faut pour le dire, il avait tiré de sa poche une petite bourse à fermoir d'acier, — petite bourse en cuir d'Alger, — et avait jeté cinq francs à la jeune fille.

— Tenez, belle enfant, dit-il, prenez le viatique de l'exil, ou, si vous l'aimez mieux, acceptez ce peu d'argent qui vous permettra de rentrer dans Paris.

— Combien je vous remercie, mon bon monsieur! — lui dit-elle. Ces cent sous m'éviteront bien des peines; d'abord je ne serai pas battue pour être revenue les mains vides, et, en second lieu, je pourrai transporter mon petit commerce dans un autre pays, à Sceaux ou à Corbeil, par exemple.

Elle allait se retirer.

— Mon bon monsieur, s'écria-t-elle avec la vivacité particulière aux enfants du peuple de Paris, — je ne voudrais pas emporter cinq francs de vous sans que vous ayez quelque chose de moi.

En parlant ainsi, elle présentait son panier d'osier à Lucien.

— Tenez, choisissez, prenez au hasard, la première venue; ce sera la meilleure, et je souhaite qu'elle vous annonce une bonne et très-bonne aventure.

Moitié en hochant la tête, moitié en souriant, Lucien plongea la main dans le panier.

— Eh bien, c'en est fait, dit-il.

— Ouvrez donc, maintenant, reprit la jeune fille.

Il obéit.

La petite pancarte imprimée qu'il venait de trouver entre les deux coquilles était en prose :

Tu épouseras une femme rousse, — avec des yeux bleus, — et tu en seras fort heureux.

Ces deux lignes le firent devenir blême comme un masque de plâtre.

— Ah! mon Dieu! que je suis fâchée de vous avoir poussé à interroger le sort! — dit la jeune fille. Et elle s'éloigna à grands pas, du côté de la gare du chemin de fer.

Quant à Lucien, il était réellement attristé. — Il avait beau se proclamer esprit fort, — il se répétait vainement que ces noix dorées sont de la graine de niais; — que cela ne signifie rien et ne saurait jamais, — au grand jamais, — avoir la moindre influence; — ces deux lignes, — la femme rousse aux yeux bleus et son futur bonheur, le remplissaient d'une vague et indéfinissable épouvante.

Cela venait peut-être de ce que, dans le moment actuel, Lucien Jarval n'aimait que les brunes, — aux yeux noirs.

Je me garderai bien de décider s'il avait tort ou raison.

Tout passe vite à Paris. Six mois s'étaient écoulés en petites distractions, — en mièvreries, — en petites soirées, — en petites lectures et en longs rêves sur l'avenir. — Lucien Jarval n'avait que douze mille francs de rentes, et, comme il se trouvait emporté par le tourbillon des viveurs du jour, il se disait pauvre.

— On ne peut vivre un peu raisonnablement qu'avec le triple, se disait-il ; — mais comment réaliser cet idéal ?

On était en décembre.

Lucien allait de temps en temps au bal et au théâtre. Dans l'un et l'autre cas, la prose de la noix d'or se dressait constamment devant lui, sous les apparences d'une femme rousse. Il en résultait qu'il n'approchait jamais d'un groupe avant d'avoir bien déterminé qu'il ne s'y trouvait que des brunes ou des châtaines. — Il poussait son examen jusqu'à la férocité.

— Je ne ferai jamais la cour à une blonde, le soir, disait-il, de peur que, le matin, cette blonde se trouve être, par hasard, une rousse.

Là-dessus il se glorifiait d'être un esprit volontaire et opiniâtre. Il s'écriait : « Je suis un élève de Descartes, — je suis mon maître, — je fais ce que je veux et je veux ne pas aimer une rousse, — aux yeux bleus ; — oui, je veux cela, et je ne veux que cela, entendez-vous, psylles, pythonisses, sorcières, sibylles et vierges aux noix fatidiques ! » Il disait cela, et il ne savait pas que, quand le sort souffle, il emporte les projets et les vouloirs des hommes comme le vent fait pour les fétus de paille. — « Diogène m'a appris à ne boire que de l'eau, disait

Alexandre. — « Tu mourras ivre, » lui criait un oracle, — et l'oracle avait raison.

Un matin, après déjeuner, Lucien Jarval s'était jeté entre les deux bras d'un fauteuil, devant un petit bureau en palissandre. Il avait l'intention d'écrire des lettres ou peut-être voulait-il fixer sur le papier d'une manière impérissable l'apostrophe qu'il méditait depuis si longtemps contre le lac d'Enghien. — Il prit une plume, — une plume d'oie, — Lucien Jarval n'aimait pas les plumes en fer, — et il voulut la tailler, mais son canif ne coupait pas. — Il se jeta sur un crayon, — le plomb se rompit trois fois de suite sur les rugosités quasi invisibles du papier ; l'impatience le gagnait.

— Je n'en viendrai pas à bout pour aujourd'hui, — pensa-t-il ; — nous savons tous qu'il y a des jours comme cela où tout marche de travers ; sortons, nous verrons cela une autre fois.

Après avoir fait sa toilette, il sortit, en effet ; — Lucien s'en allait sur les boulevards, à la manière de tous les désœuvrés. C'est pour cette raison que la grande ligne d'asphalte est le lieu le plus agité de Paris. On s'y marche sur les pieds les uns des autres.

Deux heures durant, Lucien se livra à une promenade élégante (style de journal de modes). Il avait un pince-nez braqué sous les yeux, un bout de cigare fixé entre les deux lèvres, un jonc à la main et un second exemplaire de lui-même, — un ami, — soudé à son bras gauche. Ainsi équipé, il regardait insolemment les femmes qui passaient, il souriait aux beaux chevaux, il crachait, il répondait invariablement : « Hum ! hum ! » à tout ce que lui disait son tome second ; et, en fin de compte, il arrivait à reconnaître qu'il venait de faire ainsi, pas à pas, étape à étape, huit kilomètres de parcours sans avoir vécu réellement cinq minutes.

— On nous appelle la fleur de la jeunesse française, pensait-il ; — or, nous sommes quinze cents ou deux mille de mon espèce, toujours en train de tourner dans le même cercle, à l'instar du cheval borgne de l'huilier, ou comme l'écureuil dans sa cage. — Est-ce assez bête, une pareille allure ? Eh bien, non, je me révolte ; hanneton attaché à la patte d'un ami, je casse le fil qui m'attachait ; — je m'envole partout où m'emportera ma fantaisie.

Et, en effet, il se dégagea le plus adroitement possible de l'étreinte fraternelle qui le retenait, et, sous un prétexte puéril, — les plus saugrenus sont les meilleurs, — il reprit la clef des champs, ou des rues, — si vous voulez.

Pour noter tout ce qu'il vit, tout ce qu'il fit, tout ce qu'il dit, tout ce qu'il rêva, tout ce qu'il promit de faire, tout ce qu'il parcourut, il faudrait autant de pages qu'il en est entré dans le *Voyage sentimental*, et la plume de Sterne est perdue et réduite en poudre depuis longtemps, hélas!

Nous ne nous occuperons que d'un épisode de son Odyssée.

Lucien Jarval se trouvait sur la lisière d'un faubourg, — sur le seuil de la boutique d'un marchand de bric-à-brac. — En passant, remarquez-le, ce n'est que dans les quartiers perdus qu'on trouve les meilleurs magasins rédondants de richesses peu coûteuses : — tableaux, — vases, — panoplies, — vieux livres, — camées, — etc., etc. — Il y avait bien deux ans que Lucien souhaitait d'acheter un Lantara deux fois grand comme la main : — *la Chasse aux canards à Rambouillet*. — Il la trouvait là ; — il se disait : « Voilà mon affaire ; — entrons. »

Une fois entré il avait marchandé.

— Combien cette croûte?

— Ça, une croûte? Monsieur veut rire, — on croirait que monsieur n'est pas amateur; c'est d'un grand maître.

— Duquel donc?

— De Ruysdaël, qui n'a pas eu tout à fait le temps

de finir l'objet; c'est pourquoi nous ne le vendons que 400 francs.

Lucien sourit.

— A votre tour, vous voulez rire. Comment! 400 francs une ébauche! J'aime mieux un de ces magots que j'aperçois là-bas, tenez, dans ce coin.

— Eh bien, voilà maintenant que vous appelez ça un magot, monsieur! Un dieu indien, rapporté de Chandernagor par un amiral.

Lucien arma son pince-nez.

Il était entré tout à l'heure en murmurant presque un lambeau de monologue : « L'homme est né libre. Je ne veux que le Lantara, et je n'achèterai pas autre chose. » — On lui avait dit que le Lantara était un Ruysdaël, et il n'avait pas protesté. — Il avait entrevu un objet d'art informe, qu'il prenait pour « un magot ; » — on lui répliquait que c'était un dieu. — Bien plus, on parvenait à lui vendre ce dieu-là deux louis, — une bagatelle.

Lucien sortit d'un air triomphant, l'objet d'art sous le bras.

Il n'avait pas fait quarante pas qu'il n'avait déjà plus la même figure. — Peu à peu, cette « machine » l'embarrassait ou lui pesait. — Il était décontenancé; il lui semblait que les passants souriaient plus que de coutume en le coudoyant; — il se trouvait tout changé lui-même, physiquement e moralement.

— Est-ce que j'ai laissé ma figure d'habitude che le marchand de bric-à-brac? se demandait-il.

A un certain moment, il se trouva en face d'un glace de grande dimension.

— Mais, en effet, se disait-il, je ne suis plus d tout ce que j'étais. Je ressemble à un bonze. C'es l'influence de ce dieu indien. J'ai les joues couleu pain d'épice, l'œil bridé, le nez en l'air. J'ai l'air bête.

Une minute il agita mentalement la question de savoir s'il ne ferait pas bien de jeter l'objet dans la rue ou au milieu du ruisseau. — Mais il réfléchissait que cet expédient serait, au fond, d'assez mauvais goût; — d'abord, on lui avait donné « l'affaire » comme un dieu, et Cicéron, vous le savez, conseille de respecter ceux de tous les pays; ensuite, cela lui avait coûté deux louis, et il est toujours désagréable de perdre sottement une somme, même de peu d'importance.

Tout en marchant, il délibérait, — disant :

— Mais si ce dieu me métamorphose insensiblement en Indien de la presqu'île du Gange, il serait trois fois absurde de le conserver ; — il faut donc que je m'en défasse. Voyons, à qui le donner? A Katy, l'Anglaise brune? Bon! je la connais. Rien qu'à sa vue, elle pousserait les hauts cris et me prendrait en grippe. Ce n'est pas un cadeau à faire à une femme, ça, convenons-en; c'est jaune, c'est laid, c'est mal tourné, c'est mystérieux et presque terrible. Si je dois m'en servir, que ce soit plutôt comme un moyen de *vendetta*. Eh bien, encore une fois, à qui ferai-je la mauvaise farce d'envoyer ce « bibelot? » — Il se cognait le front, il s'ingéniait, il cherchait. — Voici mon homme, reprit-il; je vais le porter moi-même à ce nigaud de Duperrier, qui m'a gagné tant d'argent à la bouillotte, au cercle; — justement il demeure par ici; — je n'ai qu'à monter trois étages et je me délivre de la chose.

Au bout d'un quart-d'heure, on l'introduisait chez Michel Duperrier, son ami, un quart-d'agent de change, — qui avait une maison montée sur un assez bon pied. — Par suite d'un hasard étrange, cet ami se trouvait en convalescence, au coin du feu, en robe de chambre et en pantoufles. — Deux jeunes femmes lui tendaient des tasses de tisane.

— Tu arrives bien, lui dit le malade; il nous est venu de la Corrèze une bourriche de volailles truffées; tu resteras à dîner avec nous, ne fût-ce que pour tenir compagnie à ces dames et pour faire honneur à l'envoi. Mais, à propos, qu'as-tu donc là, à la main?

— Un dieu indien.

— Dieu, la jolie chose ! — dit l'une des femmes, — la plus jeune, — en frappant d'aise dans ses mains ; — ce front noir, ces yeux blancs, ces oreilles qui ressemblent à des feuilles de concombre, — tout cela est fort original.

Lucien l'offrit le plus galamment qu'il put.

— Je l'accepte sans cérémonie et très-résolûment, monsieur, répondit la jeune femme ; ce sera d'un excellent effet dans mon petit salon, — sur une console.

Ce fut en ce moment que Lucien put apprendre que celle à laquelle il venait d'offrir « le magot » n'était autre que la sœur de Michel Duperrier, — veuve d'un septuagénaire, — encore très-jeune, comme je l'ai dit, et fort jolie.

La soirée se passa en petites fêtes d'intérieur. On dîna agréablement, suivant le précepte classiqu de l'école de Salerne : « A table, ne soyez jamai moins que les Grâces, ni jamais plus que le Muses. » — La petite veuve avait de l'esprit et ell s'entendait merveilleusement à découper les per dreaux, — grand savoir, — talent inappréciable. Après dîner, on fit de la musique, et elle chanta.

— C'est une fauvette, cher ami, — disait le quart d'agent de change à Lucien.

Entre les *lieder* de Schubert et le thé, on fit troi

parties de whist; la petite veuve était de première force à ce jeu des ennuyés et des diplomates.

Lucien ne put s'empêcher de faire, par la pensée, le total de tant de qualités charmantes.

Bref, à onze heures, au moment où il sortait, il laissait déjà une certaine espérance envahir son esprit.

— Si je dois me marier, — si je finis par là, pourquoi ne serait-ce pas avec celle-là ?

Et, en s'endormant :

— Mais j'y pense ! — Cette-sœur-de-Michel Du-per-rier est rous-se avec des yeux-bleus; — mais-rous-se, — cela ne l'empêche pas d'être char-man-te. — Gé-né-ra-le-ment elles ont la peau si blan-che ! — Et puis ces grands yeux bleus ! Et puis cet es-prit ! — Et puis — el-le a vingt-quatre mil-le francs de dot ; — vingt-qua-tre et douze, tren-te-six : mon rêve. Après çà, el-le ne vou-dra peut-ê-tre pas : il fau-dra voir.

Il s'endormit.

Le lendemain, il retournait chez Duperrier, et le surlendemain aussi, et, à la longue, il y reparaissait les jours suivants.

On parla de mariage.

Il y eut des obstacles, — il y en a toujours quelques-uns ; — un voyage, — un procès à suivre, —

une promesse de rester veuve tant de temps, — un délai pour tel ou tel objet; que sais-je, moi? — Lucien était devenu amoureux; c'est-à-dire qu'il doutait.

— Elle ne voudra pas de moi, disait-il.

Un matin, la jeune femme regardait l'idole indienne; la fantaisie lui vint de l'examiner de près. En la tournant et en la retournant entre ses doigts, elle vit qu'elle se composait de pièces et de morceaux. En un tour de main, elle la sépara en deux — la tête d'un côté, — le tronc de l'autre.

Dans la tête, chose curieuse, il y avait un petit papier plié, et sur ce papier des vers à l'encre rose :

Oh! les femmes! les femmes!
Essaim mystérieux d'idéales beautés!
Roses dont le parfum embaume nos étés!
Astres d'or qui sur nous versez vos douces flammes,
Quand me réchaufferai-je à vos pures clartés?
Dans la coupe d'ivresse où se plongent vos âmes,
Quand puiserai-je enfin le vin des voluptés?

Point de signature, pas un signe; — rien ne disait qu'avant de tomber dans la boutique d'un marchand de bric-à-brac, l'idole avait passé par la mansarde d'un poëte.

— Voilà de beaux vers, — dit la petite veuve; — l'homme qui les a écrits est un esprit délicat.

Et le soir, au dîner, en s'adressant à Lucien :

— Monsieur, vous faites de jolis vers.

Dès le lendemain, le mariage était décidé.

Il y a trois mois, la cérémonie nuptiale a eu lieu à l'église de Saint-Philippe du Roule.

Un peu avant de monter à l'autel, — pour y être béni, — Lucien Jarval se disait :

— Eh bien ! oui, j'épouse une femme rousse, — avec des yeux bleus ; mais c'est parce que je le veux bien. Est-ce que la philosophie peut mentir? « L'homme est né libre ! »

HISTOIRE D'UN SABOT

En 1832, sur la fin du mois de septembre, un bruit sinistre se répandit tout à coup dans le cercle déjà fort nombreux des dilettanti parisiens. Un journal annonçait que Nicolo Paganini venait de tomber malade à la suite d'un des concerts que l'illustre violoniste composait à lui seul. Les amateurs espérèrent un moment que la version de cette feuille était ou erronée ou exagérée pour le moins. Il n'en était rien : une fièvre intermittente, particulière aux artistes qui abusent de l'étude, assiégeait le grand musicien et donnait même de sérieuses inquiétudes sur son existence. Paganini, dont la maigreur était idéale, paraissait ne vivre que par artifice. Il était à craindre que cette frêle et nerveuse organisation se brisât contre les premières atteintes du mal opiniâtre.

Ceux de ses amis qui veillaient autour de sa personne appelèrent à la hâte trois médecins en renom, trois lumières de la faculté de Paris; c'est l'usage. Ces Messieurs examinèrent longuement le malade, et ne purent tomber d'accord; c'est encore l'usage.

— La maigreur envahit notre Orphée à vue d'œil, dit l'un; ce doit être l'effet d'une consomption abdominale, conséquence d'un trop grand amour de la musique. Notre malade ne se contente pas de conter fleurette à son violon; il n'a de cœur, de pensée et de souffle vital que pour lui. En guise de correctif, je me prononce pour le repos absolu. J'y joindrai volontiers le jus de poulet et le vin de Bordeaux, étant entendu que ce dernier sera administré à petites doses.

— Quant à moi, Messieurs, dit un autre, j'incline à penser que cette soudaine maladie est une suite du choléra qui a décimé Paris, cet été. Au vin de Bordeaux et au jus de poulet, choses excellentes, sans contredit, je serais d'avis qu'on ajoutât, non du repos, mais l'exercice du cheval et des distractions exhilarantes, du bruit, des fêtes et le commerce du monde.

— Avec toute la déférence que je dois à d'honorables collègues, Messieurs, je me hasarderai à dire que ce qui vient d'être conseillé n'est pas tout à fait conforme à mon sentiment, objecta le troisième médecin. Si l'on permet à l'illustre musicien de se livrer à son art, même pour se distraire, je prétends que c'est un homme mort. Ce sont les émotions qui résultent d'une soirée enivrante, les bravos et les bouquets jetés à ses pieds par la main des femmes qui lui donnent la fièvre; c'est l'éloge d'un feuilleton qui remue tout son être et qui le tue. Je vois encore autre chose dans son état. Paganini a commencé par lutter contre la misère et l'obscurité; il s'est usé d'abord dans des veilles laborieuses, il s'est usé ensuite dans de continuelles pérégrinations. L'ordonnance que je formulerais ne contrarierait en rien l'amour qu'il professe pour l'isolement. On lui assignerait un nid bien chaud et presque solitaire pour cet automne. Il y aurait dans le voisinage un grand jardin, et, s'il se pouvait, un bois propre à la promenade. Notre homme y cueillerait le calme d'un heureux jour; *carpe diem*, comme dit Horace. A l'entrée de l'hiver, il se serait renouvelé dans une seconde jeunesse. J'ai dit.

On alla aux voix, sans plus discourir, et ce fut le dernier avis qui réunit le plus de suffrages, deux sur trois. Solitude, repos absolu, une retraite et une nourriture hygiénique. En quatre lignes, on écrivit l'ordonnance sur une feuille de papier à musique égarée sur une table près des docteurs. Chacun d'eux mit sa signature au bas de la prescription, et l'on se retira.

Il restait à trouver une retraite convenable. On avait d'abord jeté les yeux sur une villa des Champs-Elysées, qui n'étaient pas encore encombrés de maisons il y a vingt-cinq ans, mais le malade prétendait qu'il se faisait trop de bruit de voitures, de chevaux et de fêtes publiques dans les environs. Quelqu'un avait proposé alors une maison de santé, qui, à cette époque-là, se trouvait à la corne du bois de Boulogne, dans un paysage charmant; mais le musicien, frilleux comme tous les enfants du Midi, déclarait qu'il redoutait les premiers souffles de la froide saison aux alentours d'un bois. Ce qu'il lui fallait, c'était Nice, à cause de son soleil éternel, ou Paris, en raison de ses chambres bien closes.

Dès le lendemain, Paganini était conduit à la *villa Lutætiana*, au sommet du faubourg Poissonnière.

On se rappelle peut-être cet établissement hospitalier, longtemps fréquenté par les malades d'élite. A la maison principale, assez spacieuse et très-confortable, était annexé un jardin toujours vert et qui avait presque l'étendue d'un parc. On a bâti depuis des magasins sur ses plates-bandes. La hache a fait tomber, il y a une quinzaine d'années, ses acacias, ses tilleuls et ses marronniers. Ainsi le voulait la spéculation qui avait à construire une usine à gaz. Mais ces arbres ont été durant un quart de siècle fort recherchés de ceux qui, selon le mot de Balzac, ont besoin d'ombre et de silence. La *villa Lutætiana* était d'ailleurs comme un abrégé de la grande ville. Indépendamment des gens du monde, qui venaient s'y refaire à l'aide de bains spéciaux ou de douches rafraîchissantes, on y rencontrait à chaque instant un drame en chair et en os, ou un roman tristement commencé; c'était aussi une sorte de purgatoire qui tenait ses portes ouvertes pour accueillir quelques existences fougueuses que la loi avait atteintes, mais qu'elle ne voulait pas frapper trop durement. J'y ai vu un honorable pair de France, le meilleur des hommes, qui avait été condamné à la prison pour dettes, et qui, sous le bénifice de l'inviolabilité parlementaire, vivait, jouait à l'écarté et se promenait dans ce Clichy pour rire. J'y ai vu de jeunes têtes romanesques, accusées d'avoir donné des coups de canif dans un contrat de mariage et qui passaient là l'année inclémente et ignominieuse qui devait s'écouler pour elles dans les cellules de Saint-Lazare. Il y avait presque toujours deux ou trois fous et autant de poëtes. On y coudoyait aussi un assez grand nombre d'écrivains politiques que la cour d'assises avait envoyés expier quelque intempérance de grammaire à Sainte-Pélagie, et que la mansuétude du gouvernement emprisonnait parfois sous des charmilles en fleurs. Le suicide sauvé de son propre coup de pistolet, se présentait et, au bout de six mois, il sortait guéri au moral et au physique. Aussi n'y avait-il rien de trop rigide dans le régime de la maison. Cette règle ressemblait, à peu de chose près, à celle des couvents aristocratiques d'avant 89. Les portes s'ouvraient et se fermaient à toute heure pour les visiteurs du dehors, et notamment pour les artistes, ces médecins de l'âme qui ferment tant de blessures.

Un des grands avantages de la maison, c'était de laisser au nouveau venu sa liberté entière ; chacun y vivait à sa guise, à la table commune ou dans l'isolement. Le soir venu, ceux qui aimaient la causerie ou le jeu restaient au salon, les autres prenaient l'air dans les avenues sablées du jardin ou remontaient chez eux, le roman nouveau à la main.

Paganini était naturellement de ceux qui, n'aimant ni le mouvement ni le bruit, s'enfuyaient à tire d'ailes dans leur chambre pour un oui ou pour un non.

Dans notre siècle si plein de l'adoration de lui-même, il ne manque pas d'hommes publics qui se complaisent dans le spectacle de leur propre célébrité. Le grand musicien éprouvait je ne sais quel accès de fièvre quand les yeux d'autrui se fixaient sur sa longue et mélancolique figure. Ce n'était pas lui qui se serait jamais laissé séduire par le mot de la marchande d'herbes d'Athènes montrant du doigt Démosthènes traversant l'Agora : « C'est lui ! le voilà ! » Ces mots, qui sont d'ordinaire si carressants pour les demi-dieux du monde n'étaient qu'un murmure importun pour le joueur de violon. Aussi jugez des caquets du salon ! Quatre ou cinq vieilles filles, bien faites pour renouveler la fable des femmes de la Thrace déchirant l'amant d'Eurydice, dévoraient l'artiste à belle dents.

— Avez-vous vu ce grand artiste, Mesdames ? Il ne salue personne, il ne sonne mot, il ne reste jamais en place ; il prend un potage à la hâte, sous la tonnelle, quand il fait du soleil, et il se sauve à toutes jambes, s'il survient un témoin. Quel ours mal léché !

— Cela tient à son mal, reprenait une autre. On prétend qu'il y a dans sa vie un mystère terrible, un amour dont on n'ose pas parler. A la suite de cette aventure il s'est déclaré chez lui un anévrisme au cœur. L'homme sait qu'il en mourra dans un an, peut-être dans six mois ; c'est ce qui le rend sombre.

— Vous n'y êtes pas ! objectait une troisième fine mouche. Paganini est avare. Le fait, pour le coup, n'est pas un mystère. Rappelez-vous ce concert au bénéfice des inondés de Saint-Etienne, organisé par M. Jules Janin, et auquel il a refusé de prendre part en ce qu'il devait y jouer gratis. Dans cette maison, en voyant un peu de monde, il craindrait d'être amené à ces politesses dont un homme bien né ne s'affranchit pas : une glace, un bouquet, une loge d'Opéra, un livre à la mode. Avant tout, prenez-le pour un cancre.

— Bien dit ! s'écria une quatrième ; l'imputation n'a rien d'outré. Quand je l'ai vu entrer ici, je me suis dit qu'il ne mettrait sans doute jamais les pieds au salon, puisqu'il s'y trouve des tables à jeu. Cet Harpagon jouer ! Si, par impossible, il venait à perdre vingt sous au whist, il serait homme à se couper la gorge avec son archet.

Ces épigrammes, nullement fondées, arrivaient par bouffées jusqu'à la Thébaïde du musicien ; mais que lui importait au fond ? Paganini obéissait absolument à sa fantaisie, qui était de vivre seul, de se promener sans témoins, sous les arbres, de relire un paquet de vieilles lettres, cher et chaste trésor qui le suivait dans tous ses voyages. Le repos aidant, il recouvrait peu à peu sa santé perdue. Un accès de gaîté tempérait même parfois cette tristesse si profonde qui l'enveloppait comme une chappe de plomb. Dans toute la maison, d'ailleurs, Paganini n'aimait que Nicette.

On va me dire : « Qu'est-ce que Nicette? » En deux mots, c'était une chambrière de la villa, apprentie cordon-bleu, jolie fille de dix-huit ans, préposée au service des malades. L'artiste avait entrevu ce charmant museau, et il avait demandé à l'avoir sous ses ordres. Nicette était une franche Picarde, un oisillon jaseur. En servant le déjeuner, le matin, elle détaillait, sans malignité, mais gaîment, la chronique de la maison. Un sourire moins amer, — ce sourire dont Hoffmann a tant parlé dans le *Violon de Crémone*, — rajeunissait les lèvres de Paganini.

Un jour, Nicette se présenta sans sa belle humeur. L'automne tirait alors à sa fin. Il y avait déjà des feuilles jaunies dans le jardin, et les premières bises de l'hiver qui portent à de mutuels épanchements, commençaient à fouetter les vitres de la chambre. Le musicien, qui s'amusait à sculpter un morceau d'ivoire en manche de poignard, interpella vivement la jeune fille.

— Ah ça! qu'avez-vous donc, ma belle enfant?

Je vous trouve l'air triste. Vos beaux yeux sont rouges; vous avez pleuré, Nicette, vous avez du chagrin?

— Beaucoup, Monsieur.

— Y aurait-il de l'indiscrétion à vous demander la cause de cet ennui?

— Non, Monsieur, pas précisément, mais...

Il darda ses deux grands yeux noirs sur la figure troublée de la chambrière.

— Allons, dit-il, je devine tout. Cela vient d'un amoureux?

Nicette ne répondit pas.

Je me trompe; elle rougit, c'était répondre.

Il insista.

— Voyons, la belle enfant, dites-moi tout. Peut-être pourrai-je porter remède au mal.

Nicette essuya ses larmes avec la pointe de son tablier.

— Qu'y a-t-il donc? poursuivit le musicien. Tenez, j'ai vu cent fois votre histoire dans les opéras bouffons de notre Italie. Après vous avoir fait mille promesses, *il* vous a quittée et vous n'entendez plus parler de *lui*?

— Ah! le pauvre garçon, il m'a quittée, il est vrai, mon bon Monsieur, mais sans qu'il y ait de sa faute.

— Comment cela?

— C'est bien simple. Comme il a eu vingt ans cet été, l'heure de la conscription a sonné pour lui; il a eu un mauvais numéro, il est parti, et à cette heure, il monte la garde à Lille en Flandre, un fusil de cinq pieds sur l'épaule. Voilà le mal, mon cher Monsieur; vous voyez bien qu'il est sans remède.

— Mais, Nicette, est-ce qu'il ne vous reste pas la ressource de lui acheter un remplaçant?

Ce fut au tour de Nicette de sourire, mais avec tristesse.

— Je vois bien que Monsieur plaisante, dit la jeune fille. Acheter un remplaçant, et avec quoi? juste ciel!

— Cela coûte donc bien cher?

— Cette année les hommes sont hors de prix à cause des bruits de guerre : quinze cents francs, les yeux de la tête!

Ici l'artiste attendri mit dans ses mains la petite main blanche de la chambrière.

— Si ce n'est que cela, Nicette, ajouta-t-il, ne pleurez plus... quinze cents francs ne sont pas une affaire : je me charge de la somme.

En même temps, il prit un crayon et écrivit à la hâte ces trois mots sur la peau d'un calepin : « Songer à donner un concert au bénéfice de Nicette. »

Un mois s'écoula. L'hiver était au bout. Nous savons tous combien le vent aigre et la neige fondue arrivent vite à Paris. Du charmant jardin de la *villa Lutætiana*, il ne restait plus que des arbres dépouillés de leurs feuilles, des parterres nus, des oiseaux muets, deux ou trois petites statues de marbre qui grelottaient sous le givre.

Un jour de novembre, le médecin dit à Paganini :

— Cher grand artiste, vous n'irez plus en plein air qu'à la première lune de mars.

— J'obéirai, docteur, répondit le musicien.

Il faut vous dire qu'il n'y avait que peu de chose à faire désormais pour que la guérison fût complète. Depuis quelque temps, en faisant sa toilette le matin, le malade de la veille se regardait dans une glace et il se trouvait singulièrement rajeuni. Miracle du jus de poulet, du vin de Bordeaux et des bains aromatisés ! Le feu intérieur qui faisait circuler dans ses veines un sang pareil à du plomb fondu s'était assoupi sensiblement, sinon tout à fait éteint. On ne voyait plus sur ses joues, un peu moins maigres, ces astériques couperosées qui sont toujours d'un sinistre augure. Un mois auparavant, la somnolence de l'ennui détendait à tout instant ses mâchoires et multipliait les rides sur son front vaste et vert comme celui d'un damné de Michel-Ange. Il n'était plus aphone, il parlait librement, il ne dormait que la nuit. C'etait pour le coup que, le voyant ainsi transformé, Stendahl aurait répété son cri :

— Quand il le voudra, Paganini jouera le *Misanthrope* sur son violon.

N'ayant plus la ressource de se promener dans le jardin, il était devenu, par bonheur, un peu moins sombre; on le voyait même faire quelque temps d'arrêt au salon. Après dîner, il se laissait volontiers tomber sur un canapé de velours rouge ; il y restait vingt minutes à feuilleter un album de gravures à la mode ou à remuer avec une petite cuillère de vermeil un verre d'eau sucrée à la fleur d'oranger. On devine que les pies-grièches trouvaient dans le fait mille occasions de raviver leur caquetage. Paganini laissait dire. Une fois sa santé rétablie, il ne pouvait se préoccuper que d'une chose : la promesse faite à Nicette.

— Nous verrons cela dans le courant de cet hiver, pensait-il, en janvier ou en février. Quelques coups d'archet suffiront.

On approchait de la veille de Noël. A l'occasion de l'anniversaire de la naissance du Christ, il existe en France un usage cher aux enfants et qui s'est conservé à Paris. On place au coin de l'âtre un soulier ou même un sabot, un sabot surtout. On suppose ensuite qu'un génie descend du ciel par le trou de la cheminée, les mains pleines de friandises et de jouets.

Bon an, mal an, le sabot de Noël rapporte deux millions au commerce parisien.

Dans la matinée du 24 décembre, les quatre bonnes langues dont nous avons parlé s'étaient mises à disserter sur cette coutume qui commence à tomber en désuétude. De là à un concert de méchancetés, il n'y a jamais loin pour certaines âmes. Un sourire intraduisible n'avait pas tardé à plisser les lèvres de ces autres sorcières de Macbeth.

— Ce sera pour ce soir.

— Oui, pour ce soir, c'est convenu.

Le soir venu Paganini était, suivant son habitude, assis sur le divan du salon, occupé à remuer son eau sucrée, quand un bruit inusité se fit entendre à la cantonnade. Près de la porte d'entrée, dans le corridor qui conduisait aux autres appartements, des voix confuses et des piétinements de souliers ferrés retentissaient au point d'interrompre la causerie et le whist.

— Qu'est donc que ce bruit? demanda un membre du quatuor féminin.

— Presque rien, Mesdames, dit Nicette, qui faisait son entrée, c'est une caisse que l'on apporte.

— Pour qui? ajoutèrent les mégères en comprimant un sourire.

— L'adresse est mal mise à ce qu'on dit.

— Faites entrer le commissionnaire.

Vint une espèce de géant, Auvergnat lourdaud, avec des favoris roux taillés en côtelettes et une veste de velours bleu. L'homme portait entre ses mains une cassette en bois de sapin sur laquelle on avait écrit en grosses lettres noires le mot : *Fragile*, et un peu plus bas, en caractères beaucoup moins gros : *A Monsieur Nicolo Paganini.*

— Où prenez-vous donc que l'adresse est mal mise, Nicette? s'écria un vieux pensionnaire de province condamné à la goutte perpétuelle. Rien de plus clair que l'écriteau. Cet envoi s'adresse à notre illustre musicien.

Paganini, distrait comme tous les esprits rêveurs, n'imaginait pas qu'il fût question de lui. Nicette dut s'en mêler.

— Eh bien! Monsieur, dit-elle, il paraît que la cassette est pour vous?

— La cassette!... Quelle cassette, mon enfant?

— Mais, Monsieur, la boîte que voici.

Il pensa avaler son verre d'eau sucrée de travers

en voyant l'Auvergnat s'avancer vers lui, près du divan.

— Mais d'où vient cette caisse? demanda l'artiste.

L'homme répondit qu'il n'en savait rien au juste, mais qu'il pensait que ce devait être d'Orléans ou bien de Lyon.

— Voilà qui est singulier, objecta Paganini; je ne connais âme qui vive dans ces deux villes. Qui peut penser à m'envoyer quelque chose de ce côté-là?

— Il n'importe, Monsieur, répondit Nicette, le plus doucement possible; mais ce qu'il y a de sûr, c'est que vous ne pouvez vous dispenser de recevoir le colis.

— C'est juste, mon enfant.

En parlant ainsi, il porta la main à son gousset et en tira une pièce de cinq francs qu'il tendit au commissionnaire.

— Merci, mon bon Monsieur, dit l'Auvergnat en se retirant.

Nicette était toujours à la même place.

— Faut-il monter la caisse chez vous, Monsieur? demanda-t-elle au musicien.

Mais ce dernier, visiblement intrigué, tournant et retournant en tous sens cette mystérieuse cassette, ne songeait guère à lui répondre. Son œil si pénétrant avait toujours l'air de dire : « Qu'est-ce que cette boîte ? D'où vient-elle ? » Le mot *fragile* écrit avec intention sur le couvercle déconcertait surtout ses conjectures.

— Mon Dieu ! se hasarda à dire une des quatre dames, il est évident que ce sont des étrennes anticipées.

— Oui, reprit une seconde, cette cassette doit contenir un trésor ; qui sait, un Stradivarius ou un Amati peut-être ?

— Vous vous trompez, belle dame, dit le pensionnaire de province. Comme je me connais en emballage, j'ose affirmer que c'est un nougat du Midi.

— Mais, Monsieur le magistrat, un nougat n'est pas ce qu'on appelle *fragile*, riposta le quatuor.

Quant à Paganini, l'impatience le gagnant, il saisit tout à coup le couvercle de la boîte du bout de ses grands doigts et le fit sauter en une seconde, comme un écuyer tranchant le fait pour la croûte d'un pâté.

— Au fait, dit une voix, nous allons en avoir le cœur net ; voilà la caisse ouverte. Nous allons voir ce que c'est.

La voix se trompait, on ne voyait rien encore.

Cependant le musicien souleva un paquet assez

volumineux qu'enveloppait une épaisse cuirasse de ce papier noir dont on se sert pour les expéditions de long cours. Trois gros cachets de cire rouge scellaient solidement l'objet.

— Et bien! qu'est-ce donc? demanda un joueur de whist décontenancé.

— Il faut faire sauter trois cachets de cire rouge pour le savoir.

Paganini n'hésita pas.

Mais lorsque le papier d'emballage fut rejeté, on ne fut pas plus avancé. Après le papier noir se trouvait une seconde enveloppe de papier gris, après ce papier gris une robe de papier Joseph.

Voyant que la chose prenait la tournure d'une mystification, les spectateurs de cette scène se regardaient déjà entre eux pour convenir du moment où il serait opportun de rire. L'esprit français pousse toujours à ce mouvement qui est l'antipode de la charité chrétienne.

Sur ces entrefaites, le maëstro s'était décidé à soulever la troisième enveloppe, et il tenait à la main, sous les yeux de vingt personnes, un sabot énorme, un sabot de frêne taillé probablement dans les Ardennes ou dans la Forêt-Noire, pour chausser le pied d'un cyclope ou pour servir de berceau au fils d'un bûcheron.

Un long et bruyant éclat de rire avait immédiatement accueilli cette découverte.

— Un sabot! dirent en chœur les quatre vieilles filles en échangeant un coup d'œil d'intelligence.

— Un sabot! répéta Nicette à demi-voix.

— Un sabot! ajouta Paganini tout confus; c'est une mauvaise plaisanterie qu'on a jugée très-piquante; c'est une allusion à ce qu'on appelle mon avarice, c'est un trait dont je devine le point de départ. En me l'envoyant la veille de Noël, on veut me comparer aux enfants qui demandent toujours et ne donnent jamais. Il ne faut pas être bien sorcier pour comprendre le sens de ce bon tour. Eh bien, soit! on a prétendu tout à l'heure que cette caisse renfermait un trésor; je ferai si bien qu'on ne se sera point trompé. Ce sabot vaudra bientôt son pesant d'or.

Cette tirade finie, il se leva, salua à peine les assistants, et disparut en emportant la caisse et son contenu.

Il y avait déjà trois jours que l'artiste n'avait reparu au salon. Nicette, interrogée, prétendait qu'il était absorbé chez lui par une tâche d'enfer. Au dire de ses voisins, il ne cessait pas de remuer la lime, la scie et le marteau. En effet, Paganini, très-habile dans l'art du luthier, était parvenu en trois jours, à force de patience et de travail, à transformer son sabot de frêne en un violon plus léger et bien plus harmonieux qu'un Amati.

Une vrille à la main, il l'avait enrichi d'une corde d'argent; il l'avait creusé, sculpté, rendu sonore; il lui avait donné une âme, il en avait fait un chef-d'œuvre.

Dès le lendemain, une affiche bleue, placardée sur les murs de la *villa Lutætiana*, annonçait que, sous trois fois vingt-quatre heures, la veille du jour de l'an, Paganini donnerait un concert dans le salon même. Le maëstro promettait d'y jouer dix morceaux, cinq sur un violon, cinq sur un sabot. Le prix d'entrée était fixé à vingt francs par personne. Il est juste d'ajouter qu'en trois lignes, il indiquait que le produit serait destiné à une bonne action.

La même pancarte avait été répandue avec soin dans le grand monde. Jugez un peu du bruit que devait naturellement faire dans Paris cette annonce inattendue. Il y avait trois mois qu'on ne savait ce qu'était devenu l'illustre musicien. Les amis de la belle musique ne purent dissimuler un long tressaillement de plaisir. C'est vous dire que les billets du concert furent enlevés en une minute : Paganini avait voulu qu'on n'en mît qu'une centaine en circulation.

Un concert dans une élégante maison de santé, après trois mois de silence ; des variations jouées tour à tour sur un violon et sur un sabot, ces circonstances passèrent pour une de ces bizarreries qu'on est toujours disposé à attribuer aux artistes. Mais le soir même du jour de la Saint-Sylvestre, de riches équipages stationnaient tout le long du faubourg Poissonnière ; cent auditeurs d'élite venaient assister à cette petite fête musicale, qui a été l'un des événements les plus remarquables de ce temps fécond en excentricités.

Des fauteuils, des banquettes et des estrades avaient été adroitement disposés dans le salon : Paganini vint, souriant, plus jeune que ne le voulait son âge, ardent à son art ; il joua de son violon favori et une ivresse soudaine s'empara de l'auditoire, transporté au septième ciel ; c'était Linus disciplinant le monde antique à l'aide de la musique. Pour le grand artiste, ce miracle n'avait rien d'imprévu ni d'inusité, il devait y avoir mieux.

— Mais comment s'y prendra-t-il pour tirer les mêmes sons d'un sabot ? se demandait-on.

— Vous allez voir, répondaient les dilettanti charmés ; Paganini nous a habitués à tous les prodiges.

Ce sabot, il le prit, en effet, et il l'assouplit bientôt au point d'en faire l'outil le plus harmonieux que les oreilles humaines aient jamais entendu. Emporté par le désir de se montrer plus fort que lui-même, l'artiste fit rendre à cet instrument de fabrique nouvelle, non plus une de ces cantilènes vulgaires qui captivent un moment l'âme et la ravissent sur leurs ailes ; il se mit à jouer un drame tout entier dont l'intelligence n'était douteuse pour personne : c'était le retour d'un conscrit. L'archet le montrait désolé de partir, puis joyeux de quitter la caserne ; on devinait les pleurs, puis la joie de la promise ; on était témoin de leur bonheur.

Pour le coup, les applaudissements furent unanimes et répétés comme dans la salle de l'Opéra ; les bouquets des femmes tombaient aux pieds du musicien. A un certain moment, les quatre vieilles filles elles-mêmes, si peu sympathiques au grand instrumentiste, ne purent se défendre d'une émotion profonde.

— Ah ! c'est très-beau ! disaient-elles.

Dans un coin du salon, à demi-cachée par un paravent, une enfant pleurait d'aise : c'était Nicette.

La symphonie du conscrit lui était allée droit au cœur.

Le concert fini, on compta la recette : il y avait deux mille francs.

— Tiens, Nicette, dit Paganini à la petite chambrière, voici cinq cents francs de plus qu'il ne te faut pour acheter le remplaçant. Ce sera pour les frais de route du soldat.

Et quelques instants après :

— Mais il faut aussi quelque chose pour entrer en ménage. Ce sabot, ou, si tu l'aimes mieux, ce violon t'appartient ; tu en disposeras comme il te plaira ; mais je suis sûr que ce sera une belle dot pour toi.

Nicette, en effet, a vendu le sabot six mille francs à M. H***, riche amateur.

Il est aujourd'hui la propriété de lord Granville, ancien ambassadeur de la reine d'Angleterre à Paris.

Sa Seigneurie dit sans cesse :

— Ce sabot est un monument historique aussi précieux que la plume avec laquelle Lord Byron a écrit *Don Juan*.

UN DRAME DE FAMILLE

I

Ce que nous allons raconter se passait sur la fin du Consulat, c'est-à-dire au commencement de ce siècle, un soir du mois de septembre, à la nuit tombante.

Un jeune officier de l'armée d'Italie, nommé Ernest Dutreillis, en petite tenue, venait d'entrer chez le restaurateur qui, dans ce temps-là, était encore établi sur la lisière du jardin des Tuileries, à l'une des extrémités de la terrasse des Feuillants.

Il ne faut qu'un coup de crayon pour donner une idée de cette figure. Imaginez un grand garçon de vingt-deux ans, bien découplé, l'œil vif, la bouche souriante, des joues sur lesquelles brillaient l'insouciance et la belle humeur; en un mot représentez-vous le rejeton d'une génération épicurienne.

Tel était le jeune officier.

A peine assis devant une petite table, où il se tenait seul, il s'était fait servir une aile de chapon du Mans qu'il arrosait joyeusement d'une bouteille d'un des vins les plus généreux de la Côte-d'Or.

— Tout annonce que je ferai un bon dîner, se disait-il en remplissant et en vidant souvent son verre; mais par malheur, me voilà condamné à le faire seul. Ce fou de Larnage ! Je l'ai attendu trois-quarts d'heure au Palais-Royal, un quart-d'heure de plus qu'il n'avait été convenu, et je ne l'ai pas vu venir. Où est-il ? La pauvre tête à l'envers aura été se cogner encore contre quelque fredaine d'amour, suivant son habitude. N'importe ! Buvons sec. C'est le dernier repas que je fais à Paris, du moins pour cette année, et je tiens à ce qu'il n'y manque rien.

Ernest Dutreillis était ce qu'on appelait *un bon luron*. Sorti depuis peu de temps d'une école militaire, il se disait sans emphase qu'il était du bois dont on fait les maréchaux de France. Profondément imbu des principes de la philosophie d'alors, qui était toute terrestre, il estimait qu'il n'y avait rien de mieux que de bien vivre, et il ne s'en défendait pas.

— Tout me sourit aujourd'hui, pensait-il; je rencontre le plaisir à chaque pas. Demain je serai sur le champ de bataille où une balle fondue en Prusse ou en Autriche viendra peut-être me signer mon passe-port pour l'autre monde. Voilà la vie au dix-neuvième siècle! Eh bien, le docteur Corvisart a raison : il faut prendre le temps comme il vient et ne jamais se faire de sang noir.

Ici le sous-lieutenant humectait son monologue d'une nouvelle rasade.

En ce moment, un homme du peuple, ayant à la boutonnière de sa veste de velours la médaille de cuivre du commissionnaire, s'approcha de la table à laquelle était assis le jeune officier.

— Est-ce à moi que vous en voulez, mon brave homme ? demanda aussitôt le sous-lieutenant.

Le commissionnaire montra une lettre qu'il tenait à la main.

— Voici, mon officier, ce qu'on m'a dit de remettre à M. Ernest Dutreillis, sous-lieutenant de hussards.

— Ernest Dutreillis, c'est moi-même, reprit le jeune homme.

En moins d'une seconde, la missive fut décachetée et dépliée.

— Ah ! s'écria l'apprenti maréchal de France, c'est de ce fou de Larnage ; je l'aurais parié.

Cependant, après qu'il eut jeté un rapide coup d'œil sur cette épître inattendue, son joyeux visage s'était assombri tout d'un coup.

— Allons, disait-il d'un ton grave, cette fois l'aventure tourne au tragique. Cela devait finir par là.

Voici ce que le capitaine Larnage écrivait à son jeune ami :

« Vous étiez cent fois plus raisonnable que je ne le croyais, quand vous me disiez : « Jules, prenez » garde, vos fredaines vous mèneront loin. » En voilà une, en effet, mon ami, qui me conduit aux bords d'où l'on ne revient pas. Au moment où vous lirez la dernière ligne de cette lettre, j'aurai cessé de vivre.

« Hélas ! mon ami, cette aventure est tout un roman et un roman du genre sombre, les pires de tous.

« Il y a cinq ans, dans le parc du Raincy, au milieu d'une grande fête donnée aux officiers de l'armée d'Italie par le munitionnaire Ouvard, j'ai rencontré, courtisé et aimé madame Mathilde Civry, la femme du chirurgien-major de mon régiment. Comme je devenais un des amis les plus assidus de cet excellent homme, la chose n'était pas fort loyale. Aussi me faisais-je de grands reproches *in petto*, comparant ma conduite à celle d'un traître qui viole la parole jurée et à celle d'un voleur qui dérobe ce qu'il y a de plus précieux dans le bien d'autrui. Mais, pour masquer à mes propres yeux l'énormité de ma faute, je me disais aussi : — « Après tout, ce ne sera presque rien; « ce ne sera qu'un caprice, un feu de paille. » Sait-on bien ce que deviennent ces sortes de liaisons quand elles commencent ? Bientôt ce qui n'était qu'une simple fantaisie, prend l'importance d'un entêtement et à la longue toute l'allure d'une irrésistible passion. A six mois de là, le chirurgien-major s'absenta pour une mission de confiance qui devait durer plus d'un an. Pour mon malheur et pour celui d'une autre, je restai à Paris pendant le même temps. C'est vous dire que Mathilde et moi nous avons oublié tout ce que nous avions de devoirs sacrés à remplir. Pendant l'absence de son mari, madame Civry était accouchée clandestinement d'un enfant, d'une fille, dont j'étais le père, et que nous avions réussi à cacher à tous les yeux, du moins jusqu'à ces jours derniers.

« Ernest, vous rappelez-vous m'avoir entendu dire de temps en temps dans nos causeries intimes : « Il y a un secret terrible qui pèse sur ma vie? » Mon ami, c'était de ce pauvre enfant que je voulais parler.

5.

» Mathilde et moi nous croyions notre secret bien gardé ; mais, vous le savez, il n'y a pas de secrets dans le monde. Tout finit par se savoir un jour ou l'autre. Une servante, achetée à prix d'argent par M. Civry, lui a révélé toute l'aventure, les assiduités, les bouquets envoyés et reçus, la grossesse dissimulée, la naissance clandestine et l'enfant élevé en cachette dans un couvent de Paris. Jugez de l'explosion de colère que de telles confidences ont dû amener ! Le chirurgien-major est homme d'honneur. Il est venu à moi, ce matin, au moment où j'entrais chez sa femme qui essayait une romance nouvelle. Une parole terrible est sortie de sa bouche, sans préambule, sans ménagements : — « Monsieur, vous » avez abusé de mon amitié pour aider cette misérable femme à me tromper : vous êtes le dernier des » lâches ! » — J'étais devenu muet, pâle, immobile, cherchant la poignée de mon épée. — « Ah ! reprit » mon adversaire en suivant des yeux mon geste, » soyez tranquille, nous allons nous battre, car vous » pensez bien qu'un pareil outrage ne peut se laver que dans du sang. — Monsieur, je suis à vos » ordres, » répondis-je. — Mathilde s'était évanouie. — Mon homme continua : — « Je veux bien » vous faire ce dernier honneur de me battre avec » vous, mais, en vérité, je fais plus que je ne dois. Si

» j'étais bon justicier, je vous assassinerais ici, chez » moi, dans cette même maison, monsieur, où, » moi absent, vous avez assassiné mon honneur! »

» — Que répondre à cela, Ernest? Dans le premier moment, je voulais donner des secours à Mathilde. Il me barra le passage en me disant : — « Laissez, monsieur, laissez cette malheureuse qui n'est » pas moins coupable que vous. Le châtiment, je » l'espère, sera pareil pour l'un et pour l'autre; » mais, à vous deux, vous n'endurerez pas les » mille morts que vous m'avez envoyées en me trahissant. »

» Il était temps de mettre fin à cette horrible scène. Des visiteurs familiers, deux officiers se trouvaient dans un salon voisin, ignorant, bien entendu, ce qui se passait entre nous. Nous en choisîmes chacun un pour témoin, en prenant, cela va sans dire, l'engagement de ne rien laisser percer des motifs réels qui nous mettaient l'épée à la main.

» A une heure de là, nous nous trouvions dans un fourré du bois de Vincennes. Chemin faisant, j'avais fait les plus sinistres réflexions. Tu penses bien que je m'étais interdit toute défense qui aurait pu être mortelle pour mon provocateur. — « Si vous voulez » faire comme moi, me dit-il ironiquement, vous » chercherez à me tuer. — Monsieur, lui répondis-

» je, vous savez bien qu'il n'en sera rien : je ne
» veux qu'avoir l'air de me défendre. Frappez, mais
» frappez vite ! »

» Mais il mettait une insistance cruelle à faire durer le combat le plus longtemps possible, en répétant qu'il tenait à faire comme moi, c'est-à-dire à choisir l'endroit le plus sensible. Au bout de dix minutes, il me donnait dans l'aine un coup d'épée qui fut jugé mortel par lui-même, et, grâce au ciel, il s'y connaît.

» On m'a transporté sur une civière dans une maison de santé du faubourg Saint-Antoine, où deux aides me prodiguent leurs soins, mais en vain. Je sais bien que je n'ai plus que deux heures à vivre. Ce temps-là je veux l'employer entièrement à vous écrire cette lettre.

« Ami, vous êtes le seul à connaître mon secret et ma vie. Je n'ai plus de parents. Il n'y a au monde qu'un homme auquel je puisse me confier, et c'est vous.

» Je vais mourir, Ernest; mais mourir à trente ans, ce n'est rien encore, malgré les horizons que l'avenir me montrait; ce n'est rien quand on ne laisse pas de grande douleur derrière soi.

» Je sais que M. Civry va emmener sa femme au loin et pour toujours ; je sais, en outre que Mathilde, frivole comme la plupart des femmes de Paris, n'a que peu d'affection pour notre fille, qu'elle regarde comme un remords vivant. Que va devenir l'orpheline ainsi abandonnée de tout le monde et portant d'ailleurs sur le front la tache d'une naissance illégitime?

» Dans cette extrémité, j'ai dû penser à la seule ressource que j'aie en mon pouvoir. Je vous lègue ma fille. Vous serez son tuteur et son père. Je ne vous demande pas si vous acceptez, d'abord parce que je n'aurais pas le temps d'attendre la réponse et ensuite parce que je connais votre cœur. Vous ne sauriez pas refuser un tel legs.

» L'enfant se nomme Noémi, — tout court.

» Vous la trouverez au couvent des Dames-Bleues, dans le faubourg Saint-Germain, où l'on veut bien l'élever pour cinq cents francs par an. — Le prix de la pension augmentera à mesure que les années arriveront.

» A cette lettre est joint un petit billet de moi à l'adresse des Dames-Bleues. Cet écrit vous servira de laissez-passer et consacrera votre titre.

» Adieu, Ernest. Je ne vous remercie pas. Le père qui est aux cieux, ne laisse rien passer de bien ou de mal; il enregistrera cette bonne action sur son grand-livre et il la portera à votre compte, adieu; — vous et Noémi vous avez ma dernière pensée.

» JULES LARNAGE,

« *Capitaine de hussards.* »

En arrivant au second paragraphe de cette épître, Ernest Dutreillis avait jeté une pièce blanche dans la main du commissionnaire, afin de congédier cet homme et de pouvoir être seul.

On pense bien que cette lecture si imprévue avait dû remplir de trouble l'esprit du sous-lieutenant.

Au dernier passage de la lettre, une larme involontaire se suspendait à ses longs cils.

— Diable de fou avec son idée de testament! s'écria-t-il. C'est renouvelé des anciens, cela. Eh bien! peu importe, c'est très-beau et cela remue les fibres de mon cœur. Il a dit vrai : j'accepte.

Toutefois, voyant que cette émotion pouvait déranger l'harmonie d'une santé qui lui devenait de plus en plus nécessaire, il tentait d'y mettre un terme en reportant son esprit vers une autre pensée.

— Ce digne Jules est mort, disait-il, et mort bravement, en s'efforçant de ne pas tuer l'homme qu'il avait si gravement offensé; c'est d'un brave soldat, cela. Je suis sûr que le fait lui sera compté là-haut si l'on y compte quelque chose. Mais il ne faut pourtant pas oublier de boire.

Il se versa un verre de vin de Beaune.

— Ah ! j'ai beau faire, reprit-il ; une liaison rompue, un enfant mystérieux, un ami tué en duel, toute cette diablesse d'histoire m'a mis du noir dans l'âme. Et dire que j'apprends ces belles équipées au moment où je suis encore à table ! Autre chose. Me voilà père d'une fille de quatre ans que je ne connais pas, et tuteur d'une fortune qui consiste en pas un sou vaillant ! Il y a bien, dans tout cela, de quoi donner de la sagesse à un vieillard de vingt-deux ans tel que moi.

Le dîner était fini.

Ernest Dutreillis paya et sortit.

Il marchait à petits pas, tout en faisant siffler sa cravache.

— A propos ! reprit-il, comme je n'ai plus qu'une matinée, celle de demain, à passer à Paris avant de retourner au camp, il faut que je me hâte, si je veux voir ma pupille. Ainsi, demain, au petit jour, je me trouverai au couvent des Sœurs-Bleues. Mais que faire de ma soirée ?

En ce moment deux élégants qui passaient laissèrent tomber près de lui ce lambeau de dialogue :

— Brunet joue ce soir dans *Cadet Roussel esturgeon.*

— Eh bien, se dit le sous-lieutenant, allons voir Brunet, cela m'enlèvera peut-être aux idées sombres que la lettre de ce pauvre Larnage a communiquées à mon esprit. D'ailleurs, c'est la mode.

En parlant ainsi, il se dirigeait du côté du Théâtre des Variétés.

II

En 1805, la vie d'un soldat n'était et ne pouvait être qu'une longue série d'aventures. Un officier ne résidait presque jamais six mois de suite aux mêmes lieux. Quand il était au Nord, le son de la trompette se faisait soudain entendre pour lui dire : « Va au Midi. » On se battait partout et toujours.

Le lendemain matin, au petit jour, comme le sous-lieutenant de hussards se levait :

— Je n'ai plus que trois heures à passer à Paris, se disait-il, puisqu'on me dirige sur l'Allemagne ; il faut que je sache mettre le temps à profit.

En parlant ainsi, Ernest s'habillait à la hâte et se disposait à sortir, mais au même moment, le valet d'hôtel qui le servait vint lui remettre un petit paquet.

L'enveloppe enlevée, notre héros trouva une bague en or et un bon de mille francs sur le trésor.

— Qu'est-ce que cela signifie? se demanda-t-il.

Quelques patte de mouches qu'il n'avait pas aperçues d'abord lui donnèrent la clef de l'énigme.

Ce lambeau de papier contenait au plus vingt lignes :

« Monsieur le sous-lieutenant,

» J'ai assisté aux derniers moments de votre ami, le capitaine Jules Larnage, qui est mort, comme vous le savez, des suites d'un coup d'épée reçu dans l'aine. Avant de rendre le dernier souffle, le blessé a prononcé plusieurs fois votre nom et celui d'une autre personne, un enfant, je crois. En même temps, il m'a confié avec charge de vous le faire remettre sans retard, l'anneau et le billet de mille francs, que vous trouverez dans ce paquet. Le capitaine a ajouté que vous sauriez bien à quel usage sont destinés ces deux objets.

» Un service d'urgence est la seule raison qui m'empêche d'aller vous porter ce message posthume moi-même.

» Veuillez, monsieur le sous-lieutenant, agréer l'hommage de mes salutations les plus distinguées,

« ACHILLE-VICTOR HOUCHARD,

» *Aide chirurgien à l'armée de Paris.* »

Après avoir lu cette nouvelle épître, Ernest Dutreillis tint conseil un instant avec lui-même.

— Je ne voulais ni ne devais quitter la France sans avoir vu ma pupille, disait-il en jetant tour à tour les yeux sur le billet de mille francs et sur la bague; mais maintenant cette obligation devient plus impérieuse encore. Il est très-clair que ces deux objets doivent être déposés par moi entre les mains des Sœurs-Bleues. Çà, partons.

Il prit une voiture afin de ne pas perdre de temps.

Une demi-heure après la petite scène que nous venons de rapporter, le jeune officier entrait au couvent.

— Que demande monsieur? lui dit la sœur tourière.

— Une pensionnaire du nom de Noémi et madame la supérieure.

La porte tourna lentement sur ses gonds et le sous-lieutenant put entrer.

Au bout de quelques instants, on lui amena une petite fille blanche, blonde et rose.

Noémi souriait.

— Ce n'est pas vous qui êtes papa ?

En murmurant ces paroles auxquelles les circonstances prêtaient un si grand caractère de tristesse, l'enfant, ignorant ce qui se passait, souriait encore; Ernest avait beau être un esprit frivole, trempé dans la philosophie matérialiste du temps, il ne pouvait se soustraire à l'influence de certaines idées mystiques qui déjà s'avançaient dans le monde. Pour son regard, doué d'une certaine puissance d'observation, il y avait une mélancolie profonde dans le sourire de cette enfant. — Noémi devinait-elle que sa naissance la mettait en dehors de la société ? La main de la fatalité, qui est inexorable, même pour l'âge le plus tendre, avait-elle déjà imprimé son sceau ineffaçable sur cette naïve figure ? C'était ce que le sous-lieutenant ne pouvait démêler au juste. Ce qu'il comprenait, dès ce moment-là, c'était que la pauvre orpheline, deux fois abandonnée, commençait à porter la peine d'une faute qu'elle n'avait pas commise.

Comme il l'attirait à lui pour l'apaiser par des caresses :

— Vous m'embrassez ! reprenait l'enfant d'un air curieux, mais vous n'êtes pas papa, pourtant?

Sur un signe qu'il fit de la main, une religieuse

emmena la petite fille, et Ernest resta avec la supérieure.

Cette femme était un esprit d'élite comme il y en a toujours eu un certain nombre dans les maisons de son ordre. Revenue de bonne heure des orages de la vie, elle savait comprendre toutes les faiblesses du cœur humain et y compatir. En peu de mots, le jeune homme lui fit l'analyse du roman de son ami. Il lui raconta avec une simplicité toute martiale l'origine de cette liaison qui avait commencé par des fleurs et qui finissait par du sang. Il ajouta que, pour se conformer aux volontés dernières de celui qui venait de mourir, il devenait, à dater de ce jour même, le père adoptif et le tuteur de Noémi.

— Madame, disait-il, tout ce qui concerne cet enfant sera désormais à ma charge; c'est donc à moi, uniquement à moi qu'on devra s'adresser pour les frais de pension de l'orpheline.

Ici une pensée soudaine traversa son esprit comme un éclair qui sillonne un ciel noir.

— Il ne faut pourtant pas trop me mettre en avant, ajouta-t-il. Nous autres soldats, nous ressemblons beaucoup à l'oiseau qui est sur la branche. Aujourd'hui nous sommes ici, demain, là! En tous cas, pareils à l'oiseau, le plomb du chasseur peut nous coucher à terre en une minute. Notre vie n'est donc rien.

— Vous êtes jeune encore, monsieur, lui disait la religieuse pour relever son courage abattu.

— Jeune ou vieux, le hasard des champs de bataille n'y regarde pas ; il respecte Catinat et il frappe d'Assas. J'en tire nécessairement cette conclusion qu'à la première journée un peu chaude, votre serviteur peut fort bien vous fausser compagnie. Dans ce cas, il est très-juste que vous sachiez à qui vous adresser ; ainsi je vais parer à l'occurrence de cet événement, dans la supposition où il se présenterait.

Là-dessus il déchira une feuille de son calepin sur laquelle il écrivit ces seuls mots :

« M. l'abbé Lucien Dutreillis, second vicaire de » la paroisse Saint-Germain-des-Prés. »

— C'est mon frère, madame, reprit-il, et, de plus, un excellent homme. Ce serait un très-bon père pour l'orpheline, si je venais à lui manquer.

Restaient le billet de mille francs et la bague. Ernest les tira de sa poche.

— Madame, dit-il, voici une petite somme de mille francs et un anneau en or que le capitaine Larnage m'a fait envoyer. Ces deux objets constituent tout l'héritage de Noémi ; c'est vous dire qu'ils doivent être conservés avec le soin le plus scrupuleux.

— Vous pouvez n'avoir aucune inquiétude à cet égard, monsieur, répondit la supérieure. Ce que vous me remettez sera tenu pour un trésor inviolable. Par mes soins, l'argent va être placé avec toute garantie de manière à ce que les intérêts cumulés grossissent chaque année le capital. On le rendra à Noémi le jour où elle quittera le couvent. Il en sera de même pour l'anneau d'or.

— C'était bien là ce que je désirais, madame, répondit-il tout ému.

Lorsque ces divers arrangements furent arrêtés, Ernest et la supérieure fixèrent le mode de paiement pour la pension de la jeune fille. Il s'agissait de cinq cents francs par an, somme énorme pour un pauvre sous-lieutenant de cavalerie.

En sortant du couvent, le jeune officier porta la main à son front.

— Il n'y a pas à dire mon bel ami, répétait le jeune homme en se parlant à lui-même ; je suis allaité de bonne heure par la Muse de l'expérience. Me voilà père de famille sans m'être marié ni légitimement ni au treizième arrondissement ; je suis tuteur d'une pupille sans fortune, et je me vois obligé à fonder une dot pour autrui, quand je n'en ai pas pour moi-même.

Et, tout en marchant :

— Après tout, c'est une belle et bonne action qui va à la pente de mon caractère. Et puis, qui sait si cette petite fille ne me portera pas bonheur ? Elle va d'abord me servir d'éperon pour me pousser à hâter mon avancement. Peut-être lui devrai-je un jour le bâton de maréchal ? Je penserai à elle, et j'irai loin.

En parlant ainsi, il rentra à son hôtel.

A deux heures de là, il était sur la route d'Allemagne, où il allait rejoindre la grande armée.

— Jusqu'à ce jour, j'ai vécu comme un enfant, disait-il à chaque instant ; je suis maintenant un homme. J'ai à fonder l'avenir de ma fille. J'ai charge d'âme.

Noémi était déjà entrée profondément dans sa pensée, et elle n'en devait plus sortir.

— Il lui faut trois choses qu'on exige d'une femme dans le monde, murmurait-il, une éducation, un nom, une dot.

Et après une pause :

— Dussé-je y mourir à la peine, Noémi aura les trois choses. Et maintenant : En avant, marche !

III

Plusieurs années s'étaient écoulées.

Cependant l'empire suivait le cours de ses brillantes destinées ; Napoléon fracassait vingt trônes à la fois ; il prenait et distribuait des couronnes; la France, partout victorieuse, ressemblait à l'Hercule Farnèse qui se repose, calme et serein, sur sa massue vengeresse.

On était en 1809.

Il y avait un armistice, ou, si vous l'aimez mieux, une paix que l'Europe entière saluait avec joie.

L'homme du destin qui était de retour à Paris, voulait que tous les dignitaires de l'empire imitassent son exemple. Comme le duc de la Rochefoucauld, il croyait que la prodigalité est plus utile à l'économie que l'avarice. Aussi, dans sa pensée, le luxe était-il une chose précieuse qu'on ne pouvait pas trop encourager.

— Je donne de gros appointements aux maris, disait-il, mais à la condition qu'ils achèteront de belles toilettes à leurs femmes.

Cette loi était surtout rigoureusement observée à la cour.

Ce soldat de la Révolution savait que la plus petite fête fournit du travail, et, par conséquent, du pain aux classes ouvrières. Cela explique pourquoi il enjoignait sans cesse de multiplier les bals, les concerts, les galas, surtout l'hiver.

A ceux des anciens volontaires de la République qui persistaient à vouloir avoir des mœurs spartiates, il montrait Paris, ville de plaisir par excellence, et qui n'a jamais rien eu de Lacédémone.

— Messieurs, leur disait-il, après les travaux si rudes et si sanglants de la dernière guerre, nous allons inaugurer les fêtes de la paix. Est-ce pour rien que je vous ai fait charrier à Paris tout l'or de l'Europe ? Il faut que chacun de vous ait sa maison montée. Le plus Spartiate aura un carrosse, une livrée et un jour de réception par semaine, où j'irai tout le premier. N'êtes-vous pas ducs, comtes, barons ? Jetez l'argent par les fenêtres ! Sous ce rapport-là, comme sous tous les autres, je vous donnerai l'exemple ; on me verra dépenser ma liste civile jusqu'au dernier sou. Au point de civilisation où nous sommes en 1809, le luxe est devenu une nécessité politique. J'entends donc qu'on sacrifie au luxe le plus possible.

Ces paroles avaient été saluées avec une grande faveur, notamment par les femmes qui formaient la maison de l'impératrice. Les *Mémoires* du temps, encombrés d'anecdotes, font voir combien Joséphine aimait l'éclat. Un certain jour, la seule note de son joaillier s'élevait à la somme fabuleuse de quinze cent mille francs. Un million et demi pour un mois ! L'ancien officier d'artillerie, instruit du fait, se sentait bien quelque envie de blâmer un peu tant de prodigalités ; mais plusieurs considérations sérieuses l'en détournaient. Avant tout, il était plein de faiblesse pour les fantaisies de cette belle créole qu'il avait tant aimée ; en second lieu, il entrevoyait déjà à l'horizon l'heure où il aurait à la répudier pour prendre comme seconde femme une princesse du sang des Hapsbourg, une archiduchesse d'Autriche : « N'inquiétons pas ces derniers beaux jours, » pensait-il.

Et d'ailleurs, la future délaissée ne faisait que suivre ses instructions en dépensant sans cesse.

— Non-seulement je vous obéis, Sire, disait-elle avec un irrésistible enjouement, mais encore je veille à ce qu'on en fasse autant autour de moi.

Parmi les dames d'honneur de l'impératrice, on distinguait la maréchale S... ; c'était une organisation d'élite, née pour les temps où les femmes tiennent une grande place dans le monde. Mêlée à des plébéiennes du genre de la duchesse de Dantzick, qu'avait anoblies le sabre de leurs maris, elle était née avec des airs de cour et toute la morgue des allures aristocratiques. On la citait pour deux choses surtout, un esprit très-vif et un très-grand amour du jeu. Se modelant sur Joséphine, elle faisait, comme elle, consister la vie à semer l'or à pleines mains sur ses pas.

— Il en restera toujours bien un peu pour les pauvres qui passent dans la rue.

C'était ce qu'elle répliquait pour son excuse quand le maréchal, son mari, se mêlait de lui faire de la morale à ce sujet.

— Dépenser, c'est fort bien, disait-il, puisque ce sont les ordres de l'empereur ; mais jouer !

— Ah! que voulez-vous ? répliquait-elle en riant, c'est notre manière, à nous autres femmes, de lancer la mitraille !

Un soir du mois de janvier, Napoléon, qui revenait d'une tournée *incognito* faite en Espagne, avait voulu voir le mouvement commercial renaître sous ses yeux à Paris.

— A l'occasion du retour de Sa Majesté, il y aura grande réception aux Tuileries, disaient les chambellans. Dans la soirée, on jouera aussi au palais.

En effet, ce soir-là, l'ancien sous-lieutenant de Brienne, cédant à l'ascendant de la mode, faisait un *vingt-et-un* avec ses maréchaux.

On avait fixé le jeton à vingt francs, un napoléon.

Vers dix heures, celui que la Fortune favorisait toujours sur les champs de bataille avait perdu cinquante mille francs sur le tapis vert.

De son côté, Joséphine faisait une *macédoine* avec ses femmes, quelques-uns des chambellans et cinq ou six généranx. Ceux-ci, bien que se tenant debout derrière les dames d'honneur, n'en prenaient pas moins au jeu une part fort active, soit en pariant, soit en se mettant de moitié avec quelques-unes d'entre elles.

On a deviné que la maréchale S... était assise à cette table. Tout près d'elle se tenait un des doyens de l'armée, le maréchal Jourdan, assez gros joueur et joueur heureux, comme on l'avait bien vu à Fleurus. Depuis le commencement de la soirée, la dame d'honneur perdait, ce qui lui arrivait presque toujours : le vieux soldat, au contraire, gagnait beaucoup, ce qui l'obligeait à passer fréquemment son bras par-dessus l'épaule de la maréchale.

A un certain moment, ayant à ramasser deux billets de banque que le sort venait de lui envoyer à la suite d'un *paroli*, il y mit de la précipitation.

— Où sont donc mes billets? demandait-il.

Un de ses voisins lui avait involontairement touché le bras, en sorte que les deux billets, enroulés sur eux-mêmes en papillotes, suivant la mode du temps, tombèrent, par le corsage entr'ouvert, dans le dos de la maréchale.

— Eh! monsieur, s'écria vivement la spirituelle joueuse, me prenez-vous donc pour cette Danaé sur laquelle un dieu tombait en pluie d'or?

En parlant ainsi, elle se leva pour secouer cette averse de chiffons de soie. Peine superflue. En dépit de ses efforts, elle n'avait pu se débarrasser des billets retenus par son corset.

Le vainqueur de Fleurus grognait.

— Eh bien, monsieur le maréchal, ajouta-t-elle en manière de riposte, vous savez qu'en France on a toujours vingt-quatre heures pour acquitter les dettes de jeu. Je réclame en ma faveur le bénéfice de la coutume. Ainsi vous voudrez bien attendre jusqu'à demain, d'autant plus que je ne suis, à tout prendre, que votre débitrice involontaire.

L'incident s'arrêta là.

A minuit, au moment où l'on rouvrait les grilles du palais pour témoigner que la soirée était finie, la pétillante maréchale, montant dans son carrosse, quittait les Tuileries, afin de regagner son hôtel.

— Allons, la déveine continue pour moi, disait-elle en se parlant à elle-même : j'ai perdu deux cents louis.

Et se reprenant, non sans sourire avec malice :

— Je sais bien que j'ai sur moi ce que les joueurs de profession appelleraient une *garde à carreau*, c'est-à-dire deux billets de banque; mais ces précieux chiffons ne m'appartiennent pas, puisqu'ils sont la réserve du maréchal Jourdan.

Ce petit monologue terminé, elle se disposait à entrer dans sa chambre à coucher lorsqu'un valet doré sur toutes les coutures vint lui dire que quelqu'un demandait à lui parler.

— Comment! on demande à me parler à minuit et demie! Qui cela peut-il être?

— Un prêtre, madame la maréchale.

— Ah! je devine! l'abbé Dutreillis, mon aumônier ordinaire?

— Précisément, madame la maréchale.

— Eh bien, il arrive dans un bon moment, à l'heure où ma bourse est à sec et où je viens de perdre deux cents napoléons au jeu de l'impératrice. N'importe; qu'on le fasse entrer.

Imaginez-vous une figure assez douce et qui n'avait rien de l'âpreté cénobitique des hommes de sa caste. Il réalisait assez bien l'idée du prêtre, tel que Marie-Joseph Chénier l'avait décrit dans sa tragédie voltairienne de *Fénélon*. Dans l'origine, destiné à être un petit abbé mondain comme il y en avait chez nos pères par centaines, il s'était écarté de l'orage révolutionnaire aux premiers grondements de la tempête. Caché sous l'habit d'un maître de latin, il n'avait ni bravé ni fui le danger. Il devait à cette circonstance de s'être trouvé prêt, l'un des premiers, sous le Consulat, quand Bonaparte rétablissait le culte. Cependant les agitations au milieu desquelles s'était passée sa jeunesse avaient laissé dans son esprit l'empreinte d'une timidité profonde.

En le voyant se présenter chez elle, à une telle heure, la joyeuse maréchale, qui avait autant de cœur que d'esprit, devinait bien qu'il fallait qu'il y eût quelque chose de grave sous jeu.

— Allons, l'abbé, dit-elle, calmez l'émotion qui vous domine et dites-moi vite ce qui vous amène. Le temps presse, ainsi que vous devez bien le penser. Pas de préambule; allons au fait.

— Madame la maréchale, j'ai un jeune frère.

— Je sais cela. Un beau garçon, à ce qu'il paraît, qui est maintenant lieutenant de cavalerie et qui, grâce à la protection de mon mari, a été chargé des fonctions d'officier payeur?

— Eh! précisément, madame la maréchale, c'est à cause de ces fonctions d'officier payeur qu'il s'est perdu.

— Comment! perdu? Que me dites-vous là?

Le pauvre abbé était tout tremblant.

— Oui, madame, mon frère est un homme perdu. Ernest a-t-il joué avec les écervelés de son régiment ou fait quelque autre fredaine? Je l'ignore. Ce que je ne sais que trop, c'est qu'il a pris dans sa caisse une somme de 500 francs, qu'il comptait pouvoir restituer et qu'il n'a pu retrouver. Ces 500 francs, madame la maréchale, s'il ne les a pas dans six heures d'ici, il ne lui restera plus d'autre ressource que celle à laquelle on a recours en pareille occasion.

— Vous voulez dire, l'abbé, qu'il se tirera un coup de pistolet dans la tête?

— Hélas! oui, madame la maréchale!

— Se brûler la cervelle! Comme vous y allez, l'abbé! Pour 500 malheureux francs! pour une dette de jeu!

Cette considération touchait particulièrement la maréchale.

— Allons donc! reprit-elle, on ne se tue pas pour ces choses-là, surtout quand on est jeune! Mais il faut la somme dans six heures d'ici! Où prendre

500 francs, quand je viens moi-même d'en perdre 4,000? Il fallait venir au commencement de la soirée.

— Madame la maréchale, songez bien qu'Ernest et moi, nous n'avons d'espoir qu'en vous.

Elle l'écoutait à peine; elle se parlait à elle-même.

— Une dette de jeu, peut-être une dette d'amour? Ces jeunes officiers d'à présent ne se gênent pas. Ils vivent dans leurs casernes comme s'ils étaient à la cour!

L'abbé paraissait être sur des charbons ardents.

— Madame la maréchale, reprenait-il, Ernest a deux pistolets chargés pour ne pas se manquer. Si je ne rapporte pas les 500 francs, je sais ce qui arrivera : cinq minutes après mon retour, je le connais, il se cassera la tête de désespoir dans ma chambre et sous mes yeux!

Ici il pleurait à chaudes larmes.

Au même instant, la maréchale s'épanouit dans un violent éclat de rire.

— Ah! ah! ah! voilà une idée charmante! s'écria-t-elle. J'ai trouvé une planche de salut!

Et d'un ton un peu plus grave :

— Ne pleurez plus, l'abbé. Nous sommes sauvés!

— Madame la maréchale a donc les 500 francs?

— Mais sans aucun doute, l'abbé.

— Où sont-ils donc?

— Vous allez le voir.

Et, se remettant à rire aux éclats, elle reprenait :

— Molière avait raison de dire : « Où diable la vertu va-t-elle se nicher? » Qui aurait jamais cru que la mode des corsages découverts et des épaules nues pût contribuer à sauver la vie à un officier payeur? Ah! comme on va rire aux Tuileries quand je raconterai l'aventure!

L'abbé, dont les joues étaient encore toutes mouillées de larmes, ne comprenait rien à cette explosion d'hilarité.

— Allons, reprit la maréchale, l'abbé, suivez-moi dans ma chambre à coucher.

— Dans votre chambre à coucher? je n'y comprends rien, madame.

— Il n'est pas nécessaire que vous compreniez.

Dès qu'ils furent entrés dans le boudoir :

– Voyons, maintenant, l'abbé, vous allez me déshabiller.

Et tout en parlant ainsi, elle ôtait son châle et dégrafait sa ceinture.

L'abbé, troublé au dernier point, croyait être le

jouet d'un rêve ou le point de mire d'une moquerie.

— J'ai mal entendu, madame la maréchale, reprenait-il.

— Point du tout. J'ai dit : Voyons, l'abbé, voulez-vous me déshabiller ?

Il se voilait les yeux avec ses mains.

— Allons, l'abbé, je vous attends !

— Madame la maréchale, permettez-moi de sonner vos femmes.

— Mais non, l'abbé, je ne veux pas vous le permettre. Cela nous prendrait bien trop de temps. Encore une fois, c'est vous qui allez m'aider à me déshabiller.

— Madame, je n'oserai jamais.

Mais la maréchale insista, et, cette fois, en prenant les choses sur un ton sérieux. Ce qu'elle en faisait, c'était d'abord pour aller plus vite, et, en second lieu, pour que les gens de la maison ne soupçonnassent rien de ce qui se passait. Faut-il ajouter qu'elle n'était peut-être pas fâchée de se donner le rapide divertissement d'un pauvre vicaire plein d'embarras à la vue d'une jolie femme seule ? Toujours est-il qu'elle insistait pour qu'il l'aidât, et que l'abbé, tremblant de plus en plus, hésitait toujours.

— Ah! madame la maréchale, encore une fois, je n'oserai pas, répétait-il.

— Eh bien! si vous n'osez pas, nous ne pourrons avoir la somme. La conséquence est nette : votre frère se tuera, l'abbé.

— Il se tuera! Rien de plus vrai, et je serai, dès lors, la principale cause de sa mort!

Il venait de laisser tomber sa tête entre ses mains et paraissait réfléchir profondément.

— Allons, s'écria-t-il tout à coup, je me résigne, madame. Que faut-il faire?

— Tout ce que fait une femme de chambre.

— Mais je n'y entends rien, moi, madame.

— Ce n'est pourtant pas la mer à boire, allez!

— Mon Dieu! cela vous plaît à dire, madame.

— Tenez, ôtez d'abord l'épingle de mon camée, et vivement, sans broncher.

— J'obéis en aveugle, madame la maréchale.

— Très-bien. Il y a maintenant une agrafe par là, n'est-ce pas?

— Je crois que oui, madame la maréchale.

— Dégrafez-la de même, et rondement.

— J'obéis encore, madame, puisque vous le voulez.

— De mieux en mieux, l'abbé. A présent, vous allez voir.

Pour le coup, le patient était plus rouge qu'une cerise de Montmorency.

Presque au même instant, en effet, le digne homme, stupéfait, ébloui, muet d'un contentement inattendu, voyait deux papillotes de papier joseph s'échapper du corsage de la généreuse femme et rouler sur le tapis.

— Un! deux! Il y en a deux, comme vous le voyez, l'abbé. Ainsi, votre frère est sauvé.

— Deux billets de cinq cents francs chacun. Qu'est-ce que cela veut dire, madame la maréchale? demandait l'homme de Dieu dans son naïf étonnement.

— Écoutez, reprit alors la maréchale en cessant de rire. Il faut bien que je vous donne l'explication de cette bizarrerie qui doit vous produire l'effet d'une invention diabolique. Ces billets, qui vont sauver votre jeune fou, c'est un butin qui n'est pas à moi, mais qui appartient au maréchal Jourdan. En remuant son gain autour d'une table à jeu au palais des Tuileries, le vainqueur de Fleurus a, par mégarde, laissé tomber ces chiffons de soie sur mes épaules et de là dans mon corsage. Comprenez-vous?

L'abbé ne voyait que la somme découverte.

— Oui, il y a mille francs, reprenait la duchesse S... en remettant son châle. C'est le double de ce qu'il nous faut. Cette somme représentant une dette de jeu, j'ai vingt-quatre heures pour la restituer. C'est un long terme. Dieu sait combien je bénis maintenant la maladresse du vieux soldat.

L'abbé n'osait cependant pas prendre les deux billets.

— Emportez toute la somme, reprit la maréchale. Un supplément n'est jamais inutile dans ces sortes d'aventures. Seulement, hâtez-vous.

L'abbé se disposait à partir, comme s'il eût eu des ailes aux talons.

— Un dernier mot, dit l'excellente femme. Chapitrez vertement votre écervelé sur cette incartade, qui pouvait avoir des suites tragiques.

Deux larmes de joie tremblaient à la paupière du prêtre.

— Madame la maréchale, mon frère et moi, nous vous serons reconnaissants de ce service-là toute notre vie.

— Vous voyez que cela ne m'a pas coûté grand'chose, l'abbé; mais ne perdez pas de temps; allez donc, et vite!

IV

Une voiture de louage se tenait à la porte. L'abbé y monta en recommandant au cocher de brûler le pavé.

— J'arriverai à temps, pensait-il.

Tout à fait rassuré et un peu confus du trouble qu'il avait laissé voir dans la chambre de la duchesse, il voulait néanmoins se hâter de retourner chez lui, où son jeune frère l'attendait en proie à la plus vive anxiété.

Seul, dans la modeste cénobie du vicaire, l'officier allait et venait sans cesse, comptant les minutes, qui lui paraissaient toutes plus longues que des heures.

— Serais-je donc condamné, se disait-il, à mourir ailleurs que sur le champ de bataille et à mourir de ma main pour un détournement de fonds, c'est-à-dire déshonoré? Je sais bien que je laisse une lettre qui explique ma conduite. Qu'est-ce qu'une lettre, quand celui qui l'a écrite n'est plus là? D'ailleurs, dans notre pays, on se permet toutes les suppositions sur la fosse d'un jeune homme qui a recours au suicide.

Il laissait tomber sa tête dans ses mains, et sa voix se brisait en sanglots.

— Et puis, quelle aventure sinistre ! reprenait-il. Ne tuerai-je pas mon frère du même coup en me faisant sauter la cervelle dans sa chambre ? Et elle, si je meurs, que deviendra-t-elle ? Ah ! c'est à en devenir fou !

En parlant ainsi, il se tordait les bras de désespoir.

— L'abbé tarde bien à revenir ! s'écriait-il. Mais aussi comment croire qu'un pauvre prêtre sans consistance sociale va trouver en un instant une somme considérable à l'heure où Paris entier est couché ! Il aurait mieux valu le retenir pour nous épargner, à lui et à moi, une déception amère. Mais, dans la situation où je suis, un homme ressemble au noyé qui se cramponnerait des deux mains à un fer rouge.

En ce moment, Ernest Dutreillis, penchant l'oreille à terre, crut entendre un léger bruit de pas.

— Enfin !... s'écria-t-il en lançant en l'air un soupir à demi-étouffé, ce doit être lui !

Une première porte, celle de la rue, s'étant ouverte, le bruit devenait de plus en plus reconnaissable.

— Oui, c'est lui, reprenait Ernest Dutreillis.

Il s'était remis en même temps à aller de long en

large, afin d'émousser un peu l'aiguillon de son impatience et de se pourvoir de quelque dose de sang-froid. Il s'arrêtait une seconde devant une cassette d'acajou à demi fermée, dans laquelle se trouvaient deux pistolets chargés et qui n'attendaient plus qu'une main résolue pour presser la détente. A un autre instant, il soulevait le couvercle d'un étui de velours bleu dans lequel était placé un portrait de femme ou de jeune fille.

— Allons, je vais savoir ce que m'apporte l'abbé; est-ce la mort? est-ce la vie?

Le prêtre venait d'entrer.

— Ernest, tu vivras! s'écria-t-il du plus loin qu'il aperçut le jeune officier. Calme-toi; plus de projets de mort!

Et, en tirant de sa poche les deux billets de banque:

— Tiens, lui dit-il, te voilà sauvé!

Le sous-lieutenant était devenu muet de stupeur et de joie.

— Ces deux billets représentent mille francs, disait l'abbé.

— Mais comment s'est accompli un pareil miracle?

— Par le fait de la générosité d'une femme.

— Est-ce que vous me laisserez ignorer son nom, l'abbé?

— Non, Ernest, répondit le vicaire en se laissant tomber sur un siége, devant l'étui de velours bleu; non, je n'aurai pas cette cruauté. Tu sauras donc ce nom un peu plus tard; mais ce que je veux t'apprendre tout de suite, c'est la recommandation de cette excellente femme.

— Eh bien! parlez; je vous écoute.

— Ernest, en t'envoyant ces mille francs, ta bienfaitrice espère que tu ne t'exposeras plus à ce qu'on te tire une autre fois du péril où te pousseraient des folies de jeunesse.

— Mon frère, répondit l'officier en se jetant au cou de l'abbé, la folie qu'on pourrait me reprocher est de celles que les honnêtes gens seuls savent commettre.

En parlant ainsi, il lui montrait plusieurs morceaux de papier.

C'étaient les reçus par lesquels la supérieure des Sœurs-Bleues attestait que la pension de Noémi avait été exactement payée jusqu'à ce jour.

— Je sais, ajouta-t-il, combien c'est une grande faute que de prendre, même dans une caisse de l'État, l'argent qu'on destine à une telle œuvre; mais je comptais pouvoir être en mesure de remplacer ce prêt forcé.

— Tu ne dois plus rien, répondit le prêtre, puisque je t'apporte la somme, même doublée.

Ernest venait de lui apprendre en quelques mots l'aventure de Larnage.

— A présent que j'ai la clef de l'énigme, reprit le digne abbé, je n'ai plus le courage de te blâmer. Il est cependant indispensable que tu apprennes une chose, c'est que cette somme providentielle qui nous tire d'un si cruel embarras a le caractère d'une dette de jeu; tu auras à la rendre un jour au maréchal Jourdan.

— Mon frère, répondit l'officier, j'acquitterai dignement cette dette-là, je te le promets.

V

Le temps marchait.

A dater de cette même époque de 1809, les événements se pressaient avec une si grande rapidité qu'on avait à peine le loisir de songer aux petits épisodes de la vie mondaine.

Sur la fin de l'année, le maréchal Jourdan commandait en Espagne.

A cette époque, l'armée française, attaquée à Vittoria par des forces supérieures, se trouva un instant dans la position la plus critique. En vain le maréchal et le roi Joseph, frère de Napoléon, se multipliaient pour rétablir l'ordre et pour reprendre l'offensive, les lignes françaises fléchissaient de toutes parts.

Emporté par son courage, Jourdan se jette au milieu d'un régiment à moitié détruit; il le rallie, et, à la tête d'une poignée de braves, il fond, tête baissée, sur un gros de cavalerie ennemie. On se bat avec acharnement, mais enfin le nombre l'emporte. Presque tous les officiers qui entouraient le maréchal tombent à ses côtés. Lui-même, enveloppé de toutes parts, et déjà blessé, va succomber. Dix sabres sont levés sur sa poitrine, quand tout à coup un jeune officier de hussards se précipite entre lui et les Espagnols.

— Maréchal, s'écria-t-il, c'est une dette de jeu que j'acquitte.

Ce nouveau venu sauva Jourdan, mais il tomba presque aussitôt frappé de plusieurs coups. Pendant ce temps-là, un escadron français avait pu se frayer un passage et dégager l'homme de Fleurus.

A Paris, pendant le brillant hiver de 1811, c'est-à-dire environ deux ans après ce brillant fait d'armes, Jourdan racontait l'aventure dans un cercle où se trouvait madame S...

— Une dette de jeu! s'écria tout à coup l'excellente femme. Attendez donc! Tout cela éveille un souvenir dans ma pensée. Cet officier ne se nommait-il pas Ernest Dutreillis?

— C'est son nom, en effet, madame.

— Le malheureux! C'est moi qui l'ai tué, maréchal.

— En ce cas, madame, on peut dire que les gens que vous tuez ont belle mine.

— Que voulez-vous dire?

— M. Ernest Dutreillis, dont vous avez causé la mort, madame, parfaitement rétabli de ses blessures, est aujourd'hui lieutenant-colonel, et je pourrai avoir le plaisir de vous le présenter demain.

Rien n'était plus vrai.

Le jeune officier avait fait un avancement rapide. Quoi d'étonnant à une époque où vingt soldats d'aventure étaient devenus rois ou princes?

Mais le maréchal Jourdan ne disait pas tout.

Ernest Dutreillis avait continué de prendre au sérieux son rôle de père adoptif; Noémi, sa fille, était, grâce à l'éducation des Sœurs-Bleues, une femme accomplie.

Après Waterloo, la paix ramena les réunions du monde. Un certain jour, la maréchale envoya à Ernest Dutreillis un billet ainsi conçu :

« Colonel, vous avez une fille charmante; j'ai « quelque part un filleul, garçon assez bien tourné « quoiqu'il soit avocat stagiaire. Voulez-vous que « nous les marions, s'ils se conviennent? »

A cette question, Ernest Dutreillis répondit par une ligne, — en vrai soldat :

« Je veux tout ce que voudra la maréchale. »

Le mariage eut lieu en 1817, à l'église de Saint-Germain-des-Prés.

Ce fut l'abbé Lucien Dutreillis, alors vieux prêtre en cheveux blancs, qui donna la bénédiction nuptiale.

Quant au colonel, il était radieux; il contemplait Noémi avec une chaste tendresse.

— Ma fille, lui disait-il en l'embrassant, tu ne sauras jamais tout ce que tu as coûté de larmes, de sang et de joie dans le monde.

LE CONTRAT BRULÉ

I

— A demain, Ernest. Nous nous reverrons demain soir, au bal, chez les d'Olbreuse.

En prononçant ces paroles, la jeune femme tendait au jeune homme sa main de parisienne, — finement gantée de blanc.

Cette scène se passait en 1855, un soir d'automne, sur la fin de septembre, rue Le Peletier, à la sortie de l'Opéra.

Il y avait dix minutes à peu près que le rideau de la salle féerique était retombé sur le dernier acte de *Guillaume-Tell*, le chef-d'œuvre des chefs-d'œuvre. La foule élégante s'écoulait à demi silencieuse, tant la divine musique de Rossini tenait encore tous les esprits et tous les cœurs sous son charme souverain.

Dans la rue, les voitures armoriées s'approchaient une à une du péristyle; on ouvrait une portière. Au même instant, une femme couverte de diamants ou quelque diplomate en habit noir s'élançait sur le marchepied; la portière se refermait, et le fouet du cocher coupait avec éclat la frange du brouillard.

C'était ainsi que se préparait à disparaître la jeune femme dont nous venons de rapporter les paroles.

— A demain soir, au bal, répétait-elle à demi-voix.

— A demain, Mathilde, répondit celui à qui elle tendait la main. Vous savez que c'est moi qui vous attends toujours. Je serai le premier arrivé chez les d'Olbreuse.

Ils se saluèrent encore une fois; la jeune femme s'assit sur le coussin de la voiture, près d'une dame de compagnie qui ne la quittait jamais, et les deux chevaux gris-pommelé emportèrent le petit attelage du côté de la Chaussée-d'Antin.

Pendant un instant encore, Ernest Beauchêne, debout sur le perron du théâtre, suivit des yeux celle dont il venait de presser la main.

— Eh bien! Ernest, vous a-t-on donc changé en statue de sel comme la femme de Loth? lui dit en souriant un petit vieillard qui passait en ce moment tout près de lui.

Le jeune homme reconnut aussitôt la voix du docteur Ebrard, médecin en renom, un ami de sa famille.

Après avoir échangé une poignée de main, ils descendirent ensemble en prenant par le trottoir qui mène au boulevard.

— Mon Dieu, mon cher enfant, recommença à dire le médecin d'un ton dans lequel il entrait bien une certaine dose d'ironie, il est très-naturel qu'on suive des yeux les jolies femmes qui descendent toutes parées d'une loge de l'Opéra. Mais prenez-y garde : il y a des idoles qui sont fatales à ceux qui les encensent. Madame Mathilde Duthil est une des élégantes les plus recherchées du monde d'à-présent. Raison de plus pour que les papillons du barreau n'aillent pas se brûler les ailes à la lumière de ses grands yeux.

— Docteur, répondit vivement le jeune homme, vous vous trompez si vous prenez Madame Duthil pour une coquette sans cœur.

— C'est bon, c'est bon, mon enfant. En voilà assez là-dessus. L'homme du monde a voulu causer un instant, le vieux médecin de la famille prend la parole à son tour. Ernest, Paris est, ce soir, enveloppé d'un brouillard mortel; rentrez vite chez vous; prenez une tasse de thé au rhum; tenez-vous les pieds chauds, et dormez bien. Adieu!

Sur cette recommandation, le docteur Ebrard, n'attendant pas de réplique, s'échappait d'une manière presque fantastique par une des rues qui s'ouvrent sur le boulevard des Italiens. Quant à Ernest Beauchêne, demeuré seul pour la seconde fois depuis cinq minutes, il allongeait le pas vers les hauteurs de la rue Sainte-Anne.

Tout en marchant, le jeune homme se parlait à lui-même :

— Voilà bien, tout compté, la centième fois qu'il me fait la même recommandation : « Tenez-vous les pieds chauds et dormez bien. » Vrai discours d'homme de la science qui connaît les secrets de son art, peut-être, mais qui ignore le premier mot des mystères de la vie moderne. Docteur, ma nuit ne m'appartient pas ! Je la dois à ma profession d'avocat et au travail. En rentrant de cette soirée passée à l'Opéra, je vais m'asseoir devant mon bureau, où m'attendent les affaires sérieuses ; j'y préparerai ma journée de demain, les dossiers sous les yeux et la plume entre les doigts. C'est ainsi que je dormirai. Ceux qui ne poussent pas l'aiguillon de leurs regards au delà de la surface des choses ne manqueraient certainement point de dire de moi : « Voilà un gaillard qui s'amuse ! » N'est-ce pas toujours l'observation de Michel Montaigne : « Il y en a beaucoup qui vous voient; il y en a peu qui sachent qui vous êtes? » Tout à l'heure j'étais dans la salle d'un théâtre féerique, à côté d'une femme à la mode; demain j'irai au bal, dans une maison qui n'est fréquentée que par de riches oisifs. Comment croire dès lors que je sois d'un autre plumage que ceux que je hante? On s'écriera sans doute : « Il est mis avec recherche; il se sert du langage des délicats; il est de toutes les fêtes. Vous voyez bien que c'est un des heureux du jour. » Ce qu'on ne saura pas, c'est que le pauvre stagiaire, prenant sur son sommeil, va passer en luttes opiniâtres avec son gagne-pain les sept heures si douces pendant lesquelles les autres ont le droit de dormir.

Au moment où il achevait ce monologue, Ernest Beauchêne arrivait sur les sommets de la rue Sainte-Anne, ancien quartier des parlementaires et où habitent encore beaucoup de ceux qui vivent du Palais-de-Justice.

— Minuit et un quart, reprit-il, après s'être fait ouvrir la porte ; allons, c'est le bon moment pour me remettre à ma tâche de ce matin.

En jetant pour ainsi dire cet *à parte* à la cantonnade, il parvenait au second étage d'une maison d'assez belle apparence. Au mouvement que sa main venait d'imprimer à la sonnette, un domestique à moitié endormi accourut tout en se frottant les yeux.

— Dominique, dit le jeune avocat, a-t-on apporté une lettre pour moi?

— Monsieur trouvera divers papiers sur le pupître de son bureau.

Sur ces paroles, le valet précéda son maître dans un cabinet d'étude meublé de cette façon riche et antique dont le goût se conserve encore chez quelques-unes des familles qui tiennent au barreau par des liens héréditaires. Figurez-vous une pièce carrée, un canapé, dix chaises, trois fauteuils, des cartons verts, une bibliothèque en acajou, deux petits bureaux et une chancelière. Sur la tapisserie en soie d'une couleur sombre se détachaient quelques portraits d'orateurs célèbres, les gloires de l'éloquence française. Ainsi un médaillon offrait à l'œil charmé la noble figure de d'Aguesseau. Un peu plus loin on voyait l'image de l'illustre et malheureux de Thou. En regard, c'était la naïve figure de Patru, et tout à côté cette tête pensive du girondin Vergniaud que le couteau des discordes civiles a cueillie avant qu'elle ne fût mûre. Près de là, sur une console, on trouvait un buste de marbre taillé par le ciseau savant du sculpteur Houdon; c'était le portrait de Nicolas Beauchêne, le père d'Ernest, qui avait exercé pendant trente années avec honneur la profession d'avocat.

Assez souvent, lorsque le jeune homme fatigué du combat de la vie, se laissait tomber sur son fauteuil en énumérant ses mécomptes et ses premières défaites, car chacun en subit, surtout à vingt ans, l'aspect de ce buste ranimait tout à coup son courage.

— Allons, se disait alors le jeune lutteur en se relevant, ne nous laissons pas abattre par ces épreuves du début et faisons comme mon père. Type du *piocheur* moderne, il pensait comme un solitaire de Port-Royal qu'on a assez de la tombe pour se reposer. En ayant recours à une longue et honorable obstination, il a fini par rompre les caprices de la mauvaise fortune. Bien des coups nous blessent! Une amitié trahie, un procès perdu, le mépris des sots, une intention délicate méconnue, eh! c'est l'histoire de tous les jours. Combien de fois n'aurais-je pas à rencontrer sur mon chemin ces diverses formes de l'ennui, du chagrin ou du dégoût? Mais, par bonheur, il me suffira de contempler, ne fût-ce qu'un instant, le buste de Nicolas Beauchêne. Retrempé par son souvenir et par son exemple, je me remettrai au travail en ne désespérant plus.

Ce soir-là, une autre figure plus consolante et

plus douce se confondait dans sa pensée avec l'image de son père. Encore tenu sous le charme d'une chaste ivresse, notre stagiaire se rappelait tout les incidents de la soirée qu'il venait de passer à l'Opéra dans la loge de Mathilde : — « A demain soir, au bal, chez les d'Olbreuse! » Ces huit mots résonnaient toujours à son oreille enchantée, pareils à la tiède musique du maître qu'ils avaient applaudie ensemble.

Un coup de crayon pour vous faire connaître la jeune femme.

Madame Mathilde Duthil, que nous n'avons fait qu'entrevoir, était une adorable forme de femme comme il y en a dix ou douze, au plus, à Paris. Veuve à vingt-deux ans d'un ancien fournisseur aux armées qui lui avait laissé ce qu'on appelle une jolie fortune, elle paraissait n'avoir pas d'autre règle que le plaisir; c'est dire qu'elle aimait à se montrer partout où une Parisienne de son âge pouvait se mettre en relief. On la rencontrait tour à tour au théâtre, au bois, au musée de peinture, à Notre-Dame, quand un prédicateur de talent prêchait le carême; on la coudoyait dans les réunions du monde et partout enfin où elle avait à entendre ce cri, que les vieillards troyens laissaient échapper malgré eux de leurs lèvres à l'aspect d'Hélène : « Qu'elle est belle! »

Aussi la petite chronique des salons, qui ne voit que l'enveloppe des faits, n'hésitait-elle pas à la poser en coquette infatigable. C'était justement ce que le docteur Ebrard avait donné à entendre, il n'y avait que quelques instants, au sortir de la représentation de *Guillaume-Tell*. Mais Ernest Beauchêne, épris d'une vive tendresse pour la jeune veuve, ne prêtait l'oreille ni aux réticences du vieux médecin, ni aux conjectures de la chronique. Il aimait Mathilde, et c'était déjà beaucoup ; il savait en outre que, pour tempérer par l'exercice de la charité ce que sa vie pouvait avoir de trop mondain, madame Duthil vidait chaque semaine son aumônière pleine d'or dans la mansarde des pauvres, et sa froide raison n'en demandait pas plus. S'il avait une crainte, c'était de n'être pas assez digne d'une telle femme ou bien encore qu'un de ses rivaux parût devoir plaire plus que lui.

A peine assis devant son feu, près de son bureau :

— Mathilde m'a tendu la main, reprenait-il en se parlant à lui-même. En me quittant, elle m'a dit : « A demain soir, au bal. » Mais, pour mériter cet honneur d'être distingué par elle, j'ai ma tâche à continuer, il faut que je travaille. Dès ce moment-ci, j'ai deux grandes choses en vue, d'abord m'approprier par mes efforts la réputation de mon père, pour que Mathilde soit fière de moi ; en second lieu me faire un commencement de fortune, une situation sociale pour que le monde, où se trouvent tant de langues de vipère, ne dise pas que je recherche la main de la jeune veuve pour son argent seulement. Çà, mettons une sourdine à nos soupirs et travaillons.

Ernest Beauchêne trouva sur son bureau diverses liasses de papiers, ainsi que Dominique le lui avait dit :

— Ah ! s'écriait-il en frappant tout à coup dans ses mains, voilà l'écriture du marquis de Blanzay. Je suis sûr d'avance qu'il me recommande de mettre plus de hâte dans la marche de son affaire.

En effet, après avoir fait sauter l'enveloppe qui recouvrait l'épître, il lut ce qui suit :

« Eh ! mon cher Ernest, sans reproche, il me
« semble que vous négligez un peu trop mes inté-
« rêts. Vous permettrez à un des premiers clients
« de Nicolas Beauchêne de donner un petit coup
« d'éperon à l'activité somnolente de son fils. Il y a
« huit jours que le *Mémoire* devrait être fait, im-
« primé et distribué aux juges. Songez qu'il s'agit
« d'une chose de la dernière importance et que je
« n'ai déjà que trop attendu.

« Encore une fois, Ernest, je n'ai aucunement le « droit ni le désir de vous faire le plus léger repro- « che; mais quel chemin ferez-vous dans votre car- « rière d'avocat, si vous négligez un client tel que « moi ? On vous voit dans le monde, près de belles « dames, au concert, à la promenade, à l'Opéra, « partout où brillent les beaux fils du jour; soyez « tranquille, je ne recommence pas tout à fait la « tirade que Perrin Dandin récitait à son fils Léan- « dre; non, je ne veux vous dire qu'un mot: Trai- « tez-moi comme eût fait Nicolas Beauchêne votre « père.

« A présent que j'ai fini mon petit sermon, je « suis sûr que mon *Mémoire* va être prêt au pre- « mier jour.

« Sur ce, je prie Dieu qu'il vous ait en sa sainte « et digne garde.

« MARQUIS HECTOR DE BLANZAY. »

A la minute même où il arrivait aux derniers paragraphes de cette lettre, témoignage d'une amitié aigre-douce, le jeune avocat sentait une sueur froide perler sur son front.

— Le marquis me rappelle mon père; c'est bien calculer. Ce qu'il me demande sera prêt demain matin, — au petit jour.

Sans plus attendre, il ouvrit un carton, y prit un volumineux dossier qu'il feuilleta d'une main patiente, en prenant des notes de cinq en cinq minutes. Au bout de deux heures, courbé sur son âpre travail, il écrivait au frontispice d'un cahier blanc ces mots qui n'étaient que le titre d'une importante composition :

« MÉMOIRE A CONSULTER

« *Pour*

« LE MARQUIS DE BLANZAY

« *Contre*

« LA DAME MARGUERITE DUCHEMIN. »

Ici, en changeant de plume, à l'heure même où il allait se mettre à exposer le *Point de fait* de l'affaire, Ernest Beauchêne, résumant dans son esprit les pensées qu'avait fait naître son enquête, s'écria :

— Juste ciel ! est-il possible qu'une femme imagine un aussi odieux roman contre un tel galant homme ?

On n'entendit bientôt plus, dans le cabinet du stagiaire, que le bruit d'une plume courant sur le papier.

II

Neuf heures du matin venaient de sonner à une pendule du style Louis XV qui décorait cette chartreuse d'avocat.

Neuf heures du matin, en hiver, au mois de décembre, c'est le moment du réveil pour Paris.

Cependant le jour perçait avec peine les épais et amples rideaux de lampas-vert qui fermaient la pièce dans laquelle travaillait Ernest Beauchêne.

— Déjà neuf heures, se disait le jeune avocat en jetant des bûches sur le feu ; déjà neuf heures, et je n'ai point encore fini la rédaction de mon *Mémoire!*

En même temps, laissant tomber un instant sur ses mains sa tête pâle et sollicitée par le sommeil, il reprenait :

— Si je n'ai pas encore mis le point final à mon travail, c'est que j'ai un peu trop pensé à Mathilde. Ça été toute une série de souvenirs de l'hiver passé. Etrange égoïsme de l'amour ! Il absorbe tout, une fois qu'il est entré dans un cœur. Les devoirs, les intérêts, les habitudes, l'amitié même, aucune de ces grandes choses ne résiste à l'action de sa flamme dévorante. J'ai rencontré madame Duthil pour la première fois, l'an dernier, chez les d'Olbreuse, dans la même maison où je me fais une fête de la revoir ce soir encore. Dès ce moment, ma vie a changé de face. J'ai déserté les conférences de mes confrères. J'ai négligé le culte du dossier. J'ai mis le sinet à la page commencée de mes auteurs favoris. J'ai presque oublié la recommandation de mon père : — *Si tu veux prendre rang au barreau, ne laisse jamais passer un seul jour sans travailler.* Un sourire de la femme adorée m'a tenu lieu de tout. — « Ernest, me trouvez-vous à votre goût, ce « soir ? » Ces paroles dites hier à l'Opéra ont rempli ma pensée de fièvre et d'enchantement. En poussant ma plume sur le papier, en faveur du marquis de Blanzay, contre la femme Marguerite Duchemin, je me les suis rappelées vingt fois. Vingt points d'arrêt ! c'est bien assez ! Voyons, maintenant un peu d'énergie et de sagesse ! Il y a temps pour tout, à ce que disent les bien avisés. Ce soir, au bal, je reverrai Mathilde, souriante et parée. Ce matin, j'ai à finir mon plaidoyer écrit et à formuler mes conclusions. Fantôme charmant de la femme que j'aime, laisse-moi une heure de répit.

Ici Ernest Beauchêne trempa sa plume dans l'écritoire et dit :

— Me voilà donc arrivé enfin à cette partie solennelle du discours que Quintilien appelle la péroraison!

Là-dessus il s'était remis à écrire de verve. Allant d'un train de cheval échappé, il avait déjà couvert trois pages d'une écriture nette et serrée.

— Ça marche bien! reprenait-il; ça va comme sur des roulettes! Un pareil *Mémoire* ne peut que me faire honneur au Palais.

En ce moment la porte du cabinet s'ouvrit doucement et avec précaution.

— Là! j'en étais sûre que ce maudit enfant se crèverait encore cette nuit de travail! dit une femme déjà âgée en s'arrêtant sur le seuil.

— Ma bonne Victorine, ne me gronde pas! répondit Ernest, en s'efforçant de sourire. Il s'agit d'une affaire qui ne peut souffrir le moindre retard.

— Ah! je le sais bien; avec vous, il s'agit toujours d'une chose pressée! C'est grâce à ces belles excuses-là que vous passez la nuit à veiller, et que vous vous brûlez les yeux, et que vous vous faites pâlir le front!

Puis s'approchant du jeune homme:

— Encore si j'avais été prévenue! Et tenez, votre feu s'est éteint!

— Victorine, je viens d'y jeter du bois.

— Belle avance, puisqu'il n'y a plus même un

charbon rouge dans l'âtre... Dieu du ciel! ajouta-t-elle avec un accent bourguignon un peu traînard, quelle profession que celle d'avocat! Votre pauvre père s'est tué en travaillant ainsi, d'arrache-pied. Que de fois, mon cher maître, je l'ai vu là où vous êtes, dans ce même fauteuil de cuir, pâle comme vous voilà ce matin, tenant toujours à la main une plume, c'est-à-dire le plus lourd des outils!

Et usant du privilége que la famille accordait autrefois aux serviteurs qui avaient vieilli dans la maison, Victorine s'accouda sur un petit et très-curieux meuble de boule, un coffret, noirci par les années. Dans cette attitude, mieux qu'Enée chez Didon, et aussi sérieuse qu'Othello devant Desdémona, la vieille gouvernante commença une de ces radoteries de nourrice qui remuent toujours le cœur.

— Vous rappelez-vous l'année où vous êtes revenu de Charlemagne avec le prix d'honneur? Votre père pleurait à chaudes larmes, monsieur Ernest, et moi je raccommodais votre habit de lycéen auquel vous veniez de faire un accroc.

— Je crois me rappeler, répondit le jeune homme.

— Avez-vous oublié la partie d'ânes de la vallée de Montmorency? Vous et les deux petits Chapolard, les fils du notaire, vous aviez dévalisé un cerisier, sans permission. Le villageois voulait faire un procès; je le pris à part et je lui glissai dans la main deux napoléons en or, trouvés au fond d'un de mes bas de laine, et l'affaire en resta là !

— Je me souviens de l'équipée, Victorine.

— Ne vous refaites-vous pas non plus par la pensée le jour où vous avez fait partir un pétard dans ce cabinet tout encombré de paperasses précieuses ? Votre excellent père allait tout voir brûler; il eût redouté un incendie terrible. Je l'arrêtai dans le petit salon pour lui parler d'un procès qui captivait son esprit, et Dominique eut le temps de faire disparaître les suites de votre imprudence.

Elle causait, et Ernest écrivait toujours. Le stagiaire ne s'arrêta qu'au nom de Blanzay, car ce nom, que la vieille gouvernante venait de murmurer, se trouvait au même instant sous sa plume.

— Au fait, dit le jeune avocat, tu connais mon client. Je me souviens que tu m'as parlé plus d'une fois du temps où tu servais dans sa maison ?

— Il est vrai, monsieur Ernest.

— Tu y es restée longtemps ?

— Douze ans à peu près.

Elle s'arrêta brusquement, mais pour reprendre bien vite.

— Mais qui m'empêche de m'occuper de vous

pendant que je vous rappellerai ces incidents? Voilà bientôt dix heures; c'est le moment de votre déjeuner.

— Victorine, mon déjeuner arrive à point, puisque j'ai terminé mon *Mémoire*.

— Eh bien! je vais vous raconter une histoire pendant que je vous servirai.

Elle approcha alors un guéridon, et, après être sortie un instant, elle apporta successivement du thé, du beurre, des œufs à la coque et une tranche de bœuf rôti.

Désormais dégagé du poids d'un lourd souci, Ernest Beauchêne mangeait avec l'entrain d'un étudiant de première année.

— Vous paraissez vouloir écouter quelque chose que j'ai à vous dire sur le marquis de Blanzay? reprit la vieille Bourguignonne.

— C'est vrai, Victorine.

Il reprit :

— Tu as été douze ans au service de M. de Blanzay, pourquoi es-tu sortie de chez lui?

La veille servante parut hésiter un instant, puis, recouvrant tout à coup son sang-froid :

— J'ai été jeune, et, à ce qu'il paraît, assez jolie. Or, vous savez, mon cher maître, qu'il y a des dangers qu'une femme doit fuir à tout prix si elle tient à rester honnête. Le marquis, qui était à la fois fort altier et peu scrupuleux, se montrait entreprenant pour tout ce qui pouvait satisfaire ses goûts. — « Monsieur, lui dis-je un jour, je trouverai dans « une autre condition un pain qui ne me paraîtra pas « trop amer à manger, » et je quittai son hôtel. Ce fut très-peu de temps après que je vins servir votre père et que je contribuai à vous élever.

— Fort bien, dit Ernest, mais pour en revenir à M. de Blanzay, as-tu entendu parler quelquefois d'une jeune femme de ton temps, nommée Marguerite Duchemin.

— Marguerite Duchemin, attendez donc!

Ici la vieille se frappa le front comme pour réveiller des souvenirs endormis.

— Marguerite Duchemin! J'y suis maintenant. Ainsi se nommait une jeune fille d'un village des Pyrénées que le marquis avait ramenée un été des eaux de Cauterets. Elle était d'une rare beauté. La tête pâle, de grands yeux bleus et des cheveux noirs comme l'aile du corbeau. A Paris, elle avait la direction de la lingerie, place importante dans l'hôtel.

— Mais as-tu jamais entendu dire que M. de Blanzay ait contracté quelque liaison sérieuse avec cette jeune fille?

— Qu'appelez-vous liaison sérieuse, mon cher maître ?

— Un mariage.

— Pour le coup, je n'ai entendu parler de rien de semblable.

— Qui te ferait croire que le marquis, devenu vieux, ne l'aurait pas épousée ?

— Mon cher maître, c'est que je sais les faiblesses du caractère de M. de Blanzay : le marquis était bien un gentilhomme trop fier pour se mésallier de cette façon.

Ici Ernest Beauchêne jeta un coup d'œil de satisfaction sur son manuscrit.

— Eh bien ! ce que tu me dis là, ma chère Victorine, me confirme dans toutes mes idées. Cette femme n'a aucun acte, pas de lettres, aucune preuve d'aucun genre, et cependent elle ose appeler M. le marquis Hector de Blanzay pour lui dire en présence des juges :

— « Monsieur le marquis, je suis votre femme « légitime devant Dieu et devant les hommes, je « vous somme de me reconnaître publiquement « comme telle. » — Il y a mieux, elle prétend que, de son mariage avec le marquis, il est né une fille qui a aujourd'hui dix-neuf ans et à laquelle elle fait dire, s'adressant au marquis : « Monsieur, vous « êtes mon père. »

— Mais, mon cher maître, comment explique-t-elle l'existence d'un mariage que rien n'établit ?

— Ah ! répliqua le jeune homme, en attaquant sa tranche de bœuf rôti, c'est là précisément que se trouve le nœud de la question.

Il reposa sa fourchette sur la guéridon, et ajouta :

— La fable, du reste, est fort bien imaginée. Selon la demanderesse, son roman d'amour se passait au printemps de 1834, en Espagne. Le pays, travaillé par la guerre civile, était tout en feu depuis l'arrivée de Thomas Zumalacarréguy en Navarre. Or, en s'arrêtant à Estella, charmante petite ville voisine des premières résidences du Prétendant, Marguerite Duchemin avait tout à coup exigé que le marquis l'épousât dans cet endroit. Tu viens de dire qu'elle était fort belle ?

— Ah ! quant à cela, rien de plus vrai, cher maître.

— A l'en croire, M. de Blanzay n'aurait pas hésité. Toutes les formalités exigées par la loi avaient donc été remplies ; mais quinze jours environ après la célébration du mariage, Estella aurait tour à tour été prise par les Christinos et reprise par les Carlistes, et durant ces divers désastres, les papiers de l'état civil et de la paroisse détruits et brûlés. Depuis lors, comme un peu plus de vingt ans se sont écoulés, les témoins de la cérémonie sont morts ou peu faciles à trouver. Mais, encore une fois, je pense que tout cela n'est qu'une histoire faite à plaisir. Voilà du moins ce que je soutiens dans mon *Mémoire* et ce que je me flatte de faire accepter aux juges. Va, je suis bien sûr de gagner la cause du marquis.

— Mais qu'est devenue cette Marguerite Duchemin? demanda Victorine en servant le dessert.

— Elle habite un des faubourgs de Paris, où elle vit à grand'peine de travaux d'aiguille.

— Comment! mon jeune maître, quand ce ne serait que pour se mettre en paix avec lui-même, le marquis n'a pas cherché à adoucir le sort de cette femme et de sa fille?

— Mon Dieu si, M. de Blanzay a fait offrir une rente de quinze cents francs, mais cet acte de générosité n'a pas été compris des deux femmes qui ont repoussé l'offre comme une injure sanglante. — « Monsieur, s'écrie ma partie adverse, par l'organe « de son avocat, Marguerite Duchemin et sa fille « ne demandent pas l'aumône au marquis de Blan« zay ; elles rougiraient de chercher à peser sur lui « pour l'amener à une transaction honteuse. Elles

« ne réclament que le rang auquel tout leur dit « qu'elles ont droit, et elles sauront ne pas déchoir « de cette position. Il leur faut un mari et un père, « ou rien. » — Tu vois que c'est bien net. Mais leur affirmation, quelques souvenirs confus, peut-être imaginaires, ne sauraient constituer des preuves. Je trouverai un mouvement victorieux, lorsque je leur dirai : « Vous prétendez que le marquis « Hector de Blanzay s'est marié en 1834, à Es-« tella, avec une jeune femme qu'il aimait ; eh « bien ! d'accord ; mais prouvez-nous que cette « jeune femme est bien vous et non tout autre. Il « n'existe pas à ce sujet entre vos mains un chiffon « de papier grand comme une carte à jouer. »

Il se levait afin de faire un bout de toilette.

Tout en desservant, Victorine revenait au sujet de leur conversation.

— Mon Dieu, monsieur Ernest, reprit la vieille bonne avec une sorte de terreur, si pourtant cette pauvre Marguerite Duchemin était réellement marquise ; si, trompée comme tant d'autres, elle n'avait de recours que Dieu, si elle disait vrai sans pouvoir prouver ce qu'elle avance, voudriez-vous donc être cause d'une injustice ?

— Tais-toi, Victorine, tais-toi ! Tu m'effrayes avec tes conjectures. Mais non, la cause du marquis est excellente. Voilà le *Mémoire* composé. Il sera imprimé dans huit jours et distribué dans dix. Je gagnerai, et Mathilde sera heureuse de ce premier succès.

En ce moment, Dominique entra avec un papier à la main.

— Une lettre pour vous, monsieur, dit le valet; elle est, m'a-t-on dit, de madame Mathilde Duthil.

— Une lettre de Mathilde! s'écria le stagiaire ému. Qu'a-t-elle donc de pressé à me dire?

D'un signe de la main il congédia Dominique et Victorine, puis il fit sauter l'enveloppe de la missive.

III

On rapporte que certains grands peintres n'ont jamais consenti à toucher à leurs œuvres en présence de témoins importuns. — « Je ne voudrais « pas peindre mes vierges même auprès d'une Al- « tesse, » disait l'Albano. Ce sentiment de réserve que les artistes invoquent, dès qu'il s'agit de se mettre en rapport avec leur pensée, Ernest Beauchêne l'éprouvait dans ce qui se rapportait à Mathilde. Chez les âmes délicates, l'amour se complaît dans le mystère.

A peine le stagiaire se trouva-t-il seul qu'il lut ce que lui écrivait la jeune femme :

« 24 novembre 1855.

« (Du coin de mon feu, à une heure du matin.)

« N'est-il pas merveilleux, Ernest, de voir combien il y a de coïncidences étranges jusque dans les épisodes les plus insignifiants de notre vie ? Ce soir, après vous avoir serré la main à la sortie de *Guillaume-Tell*, je suis rentrée chez moi, toute enveloppée de fourrures, ne pensant bien sérieusement qu'à la toilette que je mettrais pour vous plaire au bal des d'Olbreuse, où nous devons nous rencontrer.

« Ce sera le rêve de ma nuit! me disais-je, et déjà je venais de voir la porte de l'antichambre se refermer sur moi. En ce moment ma femme de chambre accourut et me dit :

« — Madame est attendue.

« — Quoi ! à cette heure ?

« — Eh ! oui, sans doute ; madame trouvera dans le petit salon M. Régis de Quarbré.

« Rien de plus vrai. Mon vieux parent était assis au coin du feu, devant une petite collation qu'il avait eu la galanterie de faire servir pour nous deux. En m'attendant, il feuilletait des albums et chiffonnait des gazettes, allant de celles-ci à ceux-là d'un air distrait.

« — Ah! vous voilà donc enfin! s'écria-t-il du plus loin qu'il m'aperçut, et se levant, toujours plein de cette politesse exquise qui fait le fond de sa manière d'être, il ajouta : « Mon enfant, ne vous effrayez pas trop; je viens vous parler d'une affaire des plus graves. »

« — Juste ciel! de quoi s'agit-il? répondis-je tout alarmée.

« — Calmez-vous, Mathilde. Le feu n'est pas à la maison, et la preuve, c'est que je vous invite chez vous, chose assez comique, à cet ambigu de blanc-manger.

« En même temps, il mettait un peu de galantine sur une assiette et me l'offrait.

« Tout en mangeant avec moi et en souriant :

« — Ma petite cousine, vous connaissez, je crois, un jeune avocat du nom d'Ernest Beauchêne?

« — Je le connais si bien, mon cher parent, que j'aurai le plaisir de vous le présenter prochainement, non comme avocat, mais en qualité de cousin. Il sera mon mari.

« — Je vous en fais mon compliment bien sincère. On assure que c'est un homme d'esprit et un homme d'honneur.

« Ici, Régis se versa un verre de sauterne et ajouta :

« — Ma petite cousine, c'est parce que je sais combien vous portez d'intérêt à M. Ernest Beauchêne que j'ai voulu vous prier de lui rendre un grand service.

« — Ah ! Régis, voilà le rébus qui revient !

« — Ce n'est pas un rébus, ma chère enfant, ainsi que vous l'allez voir.

« — Et bien ! parlez donc, cher parent.

« — Quoiqu'il ne soit encore qu'un simple stagiaire, votre jeune avocat est en possession d'une clientèle importante.

« — Je le sais.

« — Parmi ses clients se trouve un gentilhomme dont le nom est bien connu, le marquis Hector de Blanzay. Eh bien ! prévenez votre prétendu de ne pas donner suite au procès que le marquis soutient, par son organe, contre une femme nommée Marguerite Duchemin.

« — Pourquoi cela, mon cher parent ?

« — Parce que ce procès est une mauvaise action.

« — Mais n'oubliez pas, Régis, que M. de Blanzay est un ami de M. Ernest Beauchêne.

« — Je n'oublie rien, chère cousine. Il paraît que le jeune avocat se flatte de confondre la pauvre femme que je viens de nommer.

« — Eh! mon Dieu! c'est le devoir de sa profession qui le veut ainsi, Régis.

« — D'accord; mais si votre ami publie son *Mémoire*, il se déshonore.

« J'étais devenue plus pâle qu'une morte.

« — Comment! m'écriai-je suffoquée par la colère; que dites-vous, Ernest Beauchêne se déshonorer?

« — Oui, reprit-il, votre promis, Mathilde, s'il plaide que cette pauvre femme, Marguerite Duchemin, n'a jamais été l'épouse légitime du marquis Hector de Blanzay, s'il le dit, s'il l'écrit, s'il essaie de le faire affirmer par la bouche de la justice, il se déshonorera sans s'en douter; mais enfin il se déshonorera, Mathilde.

« — Régis, je ne vous comprends pas.

« Il se versa un second verre de sauterne, sans doute afin de me permettre de recouvrer mon sang-froid; puis il reprit :

« — Vous savez, ma belle enfant, que je suis un galant homme. Pour rien au monde je ne consentirais à vous attrister, encore moins me mêlerais-je de calomnier un jeune homme estimable, tel que l'est M. Ernest Beauchêne; mais la vérité a des droits supérieurs à toutes les considérations, et j'ai toujours pris à tâche de servir sa cause. Cette Marguerite

Duchemin, que votre jeune avocat, parlant au nom de son client, entreprend de faire passer pour une aventurière, pour une femme qui se vante de posséder un titre auquel rien ne lui donne droit, cette délaissée qui est mère d'une fille en âge d'être mariée, on la calomnie, on la dépouille et on la flétrit à tort. Elle est réellement l'épouse légitime du marquis Hector de Blanzay. — « Où est la preuve ? » allez-vous demander. — Mais, chez votre jeune avocat lui-même, ma chère Mathilde.

« — Permettez, dis-je, mon cher Régis, tout cela n'est pas bien clair.

« — Je le sais, reprit-il. En 1834, le marquis et Marguerite Duchemin, voyageant ensemble en Espagne, se sont mariés dans l'ivresse de la passion, à Estella, petite ville du royaume de Navarre. C'était vers le temps où don Carlos invoquant, contre la famille de Ferdinand VII, son frère, les principes de la loi salique, demandait, les armes à la main, à être intronisé à Madrid, à la place d'Isabelle II. Comme la ville d'Estella était située entre les campements des Christinos et des Carlistes, elle fut prise, reprise, pillée, puis brûlée. Les papiers de l'état civil, ceux de la paroisse et les dossiers du notaire disparurent. Or, la preuve du mariage en question, livrée aux flammes ou enlevée, n'a pu être retrouvée. Seulement, Mathilde, remarquez bien ce que je vais vous dire : le contrat existe, et je sais où il est.

« — Vous ! Régis ?

« — Moi, ma chère enfant.

« — Où est-il donc alors ?

« — Chez M. Ernest Beauchêne, avocat à la cour impériale.

« — Je n'y comprends plus rien, mon parent.

« — Attendez donc. Les choses vont vous paraître plus claires.

« Il se tut un moment, et bientôt après :

« — Vous savez, me dit-il, que M. Nicolas Beauchêne, le père de votre promis, est mort des suites d'une chute de cheval. Cela se passait aux environs de Châtenay, du côté du bois de Verrières. Le hasard, qui ne fait jamais rien sans calcul, m'avait conduit sur le théâtre de ce drame, car nous étions au temps de la chasse. J'accourus pour donner des soins au blessé. En tombant, la tête avait porté sur un caillou aigu, ce qui faisait que tout espoir de le conserver à la vie était perdu. Cependant, lorsque j'arrivai auprès de M. Beauchêne, il respirait encore et articulait quelques paroles incohérentes. Un peu plus tard (c'était il y a trois mois), j'ai eu occasion de rencontrer chez un magistrat de mes amis madame Marguerite Duchemin. Ce nom de femme me frappa vivement, et je me rappelai aussitôt ce qu'avait dit devant moi l'avocat mourant. Ce sont des phrases entrecoupées de soupirs, mots sans suite, qui ne sortiront jamais de ma mémoire : *Marguerite Duchemin mariée légitimement au marquis Hector de Blanzay; — le contrat dans le petit meuble, tiroir 5, au fond d'un petit portefeuille. — Argent dépensé par faiblesse. Dites à mon fils...* — En ce moment, ses forces l'avaient trahi ; il mourait pour ainsi dire dans mes bras.

« Régis termina son récit dans cet endroit. — Voilà tout ce que je sais de cette affaire, dit-il en se levant pour prendre congé de moi, et avant de sortir :

« — Ai-je mal fait, chère cousine, de vous mettre au courant de ces faits-là ?

« — Non, sans doute, mon cher parent.

« — Jugez-vous convenable de les rapporter à votre promis ?

« — Je vais lui écrire sur-le-champ tout ce que vous venez de me raconter, répliquai-je.

« Il s'inclina, me baisa amicalement la main, et sortit en murmurant :

« — Votre Ernest est un honnête homme ; il faut qu'il demeure honnête toute sa vie.

« Il est déjà deux heures du matin, Ernest ; je

n'ai pas voulu me coucher avant que cette lettre fût finie. Je tiens à ce que vous l'ayez le plus tôt possible. Qu'auriez-vous pensé d'une femme qui eût entrepris de vous cacher la vérité? Eclairé par ces faits, encouragé par votre Mathilde, vous n'en marcherez que plus sûrement à la découverte de la vérité. Vous savez d'ailleurs que quelque dénouement qu'ait cette affaire engagée avant vous, rien ne peut ni ne doit m'éloigner de l'affection si tendre que je vous ai vouée. S'il y a eu des torts du côté de votre père, vous les réparerez, et je vous aiderai dans cette tâche. S'il y a des ennuis à éviter ou des luttes à soutenir, je veux vous exhorter dès aujourd'hui à vous y préparer. Une femme qui désire associer sa vie à la vôtre ne peut vous parler autrement.

« MATHILDE DUTHIL.

« *P.-S.* — Tout me porte à penser que je me présenterai chez vous dans la journée, afin de savoir ce qu'il y a de vrai dans le récit de Régis. Nous déciderons alors si nous devons, ce soir, aller oui ou non au bal des d'Olbreuse. »

En parcourant d'un œil troublé cette lettre toute grosse de révélations, Ernest Beauchêne sentait une sueur froide couler sur son front. Jamais son cœur n'avait battu si vite. Il semblait au jeune avocat que le sang y refluât avec tant d'abondance que sa poitrine allait se rompre.

— Comment! s'écriait-il, pâle et marchant à grands pas, cela serait possible? Nicolas Beauchêne, mon père, un des praticiens qui ont laissé à Paris une des réputations les plus respectées, mon père aurait détruit ou fait disparaître un contrat de mariage, et cette manœuvre aurait eu pour but un sordide intérêt! Non, non, ce n'est pas vrai! Ce Régis de Quarbré en a menti!

Il se laissa tomber un moment sur son fauteuil.

— Allons, ma pauvre tête se perd! dit-il.

Une si grande défaillance ne pouvait être que passagère; Ernest Beauchêne se rappela Mathilde et sa propre position dans le monde; il recouvra son énergie première, et tout en se relevant :

— Eh bien, il faut que j'en aie le cœur net. Cette lettre de madame Duthil parle d'une preuve, du petit meuble. Voyons ce qu'il y a de vrai dans ces paroles-là.

Ce qui redoublait l'émotion du jeune homme, c'était un souvenir d'enfance qui venait de se représenter brusquement à son esprit.

Un jour, pendant les vacances, le lycéen jouait dans le cabinet de son père; l'avocat lui montra alors d'un air grave le meuble de boule.

— Mon enfant, lui disait-il en même temps, si tu veux obéir à mes ordres, tu ne te sépareras jamais de ce meuble-là. L'avenir t'apprendra pourquoi je t'ai fait cette recommandation.

Seconde raison d'avoir à redouter quelque chose d'inusité, le meuble en question n'ouvrait qu'à l'aide d'un secret, et ce secret, le stagiaire était seul à le posséder.

— N'hésitons plus! se dit alors Ernest Beauchêne.

En prononçant ces derniers mots, il s'approcha du petit secrétaire, poussa vigoureusement un ressort caché, et un couvercle tomba.

— Au tiroir numéro 5, maintenant.

En ce moment il vacillait sur ses jambes comme un homme ivre.

Le tiroir numéro 5, pressé à son tour, s'ouvrit et laissa voir une liasse de vieux papiers jaunis par le temps.

Ernest Beauchêne y jeta un rapide coup d'œil.

Les premiers mots qu'il lut étaient ceux-ci :

CONTRAT DE MARIAGE DU MARQUIS HECTOR DE BLANZAY AVEC MADEMOISELLE MARGUERITE DUCHEMIN, A ESTELLA, ROYAUME DE NAVARRE. (*avril* 1834.)

— Ah! s'écria le pauvre stagiaire atterré, mon père

possédait et cachait ce contrat! Mon père était donc un.... ?

Il avait la tête perdue.

Fou de douleur et d'indignation, il se précipitait sur le buste de l'avocat pour essayer de le mettre en pièces. Au même moment deux larmes s'échappèrent de ses yeux et il laissait retomber ses bras que la colère avait soulevés. Revenant ensuite au petit meuble, il fixait son regard sur une petite pancarte du tiroir numéro 5, pancarte qui était d'une écriture bien connue.

« A MON FILS.

« Ernest, ne te hâte pas d'accuser ton père. Cherche dans la liasse de papiers; tu y trouveras l'explication de ma conduite. Quand tu sauras tout, tu ne me maudiras plus.

« NICOLAS BEAUCHÊNE. »

Ernest respira.

IV

En lisant ce billet, écrit depuis quinze années, le jeune homme passait tout à coup de la colère aveugle au plus pieux attendrissement. L'homme qui va se noyer attacherait, dit-on, ses mains à un fer rouge, de même le stagiaire se cramponnait à cette frêle pancarte que le vent eût pu emporter. On aurait pu le voir dénouer d'une main convulsive les rubans qui formaient la liasse terrible. Au bout d'un instant, il tenait à la main un nouvel écrit de son père.

Cette fois, ce n'était plus un simple billet, un mot de trois ou quatre lignes, mais bien une lettre d'une certaine étendue.

Un bruit se fit entendre à la porte; Victorine venait d'entrer.

— Que se passe-t-il donc, mon jeune maître ? dit la vieille bonne toute émue. Quelle figure défaite! Êtes-vous donc souffrant, mon cher monsieur?

— Non, non, laisse-moi. J'ai besoin d'être seul au moins une heure.

— Tant que vous voudrez, reprit la vieille servante qui ne renonçait pas aisément au droit de remontrance qu'on lui avait toujours reconnu. Mais il se passe quelque chose d'extraordinaire ici. Ce trouble....

— Il vient des études que j'ai eu à faire pour ce procès. Allons, le temps presse; va-t-en, Victorine, et ne laisse entrer personne; non, personne, répéta-t-il, et sous aucun prétexte.

Victorine, de plus en plus alarmée, jeta un long regard sur le jeune avocat, et tout en se retirant :

— Quel métier que celui-là ! On dirait qu'ils sont toujours sur le point de devenir fous. Je me rappelle le père. Il avait de ces moments, trois fois par semaine, et de plus terribles encore !

Aussitôt que la porte du cabinet se fut refermée, Ernest Beauchêne s'assit devant sa table de travail comme s'il avait à étudier un dossier. Cette froideur apparente ne pouvait durer. Le jeune homme ouvrit, non sans trembler, la lettre de son père et ses yeux s'arrêtèrent d'abord sur ces mots étranges :

« UN SECRET DE FAMILLE

« POUR MON FILS, LORSQU'IL SERA REÇU

« AVOCAT. »

— Ainsi, il y a déjà un an que j'aurais dû visiter ce meuble, dit-il en retombant dans sa rêverie. Mais pourquoi n'ai-je connu ce mystère que par hasard?

Et après un petit temps d'arrêt :

— Que vas-tu me révéler, papier maudit ou béni !

Le jour s'avançait.

La lumière du matin inondait le cabinet d'études.

Ernest Beauchêne commença sa lecture.

« Paris, le 1er mars 1840.

« Mon cher fils,

« Tout ce que tu vas apprendre t'expliquera pourquoi j'ai gardé jusqu'à ce jour vis-à-vis de toi un silence absolu. À l'heure qu'il est, tu commences à savoir en quoi consiste la vie. Te voilà homme. Tu jugeras en homme éclairé par une hâtive expérience. Aujourd'hui, le monde se montre à toi tel qu'il existe et non tel qu'on l'enseigne sur les bancs du collége, à travers les livres des poëtes et des philosophes. L'idéal et la réalité sont deux choses qui se combattent sans cesse. Examine les faits et ne juge qu'après les avoir bien pesés l'un après l'autre.

« Il y a vingt-cinq ans, lorsque je me suis fait inscrire au tableau des avocats, un peu pareil à beaucoup de mes jeunes confrères, je n'avais pour tout instrument de fortune que mon diplôme de licencié. Tu peux y ajouter un savoir sans valeur, puisqu'il était encore inconnu. Pendant cinq ou six années, à force d'user les plis de ma toge sur les dalles de la salle des Pas-Perdus, j'arrivais, chose héroïque, à me faire un peu de réputation et, par conséquent, un commencement de clientèle. À Paris, tout noviciat est long, surtout dans les professions libérales. Le mien avait été embarrassé d'aspérités sans nombre. Si la pauvreté est toujours un boulet lourd à traîner pour un jeune homme, à plus forte raison ce supplice est-il pénible pour un rêveur qui vient de s'échapper tout éveillé des illusions de l'École. Là encore, tout plein des mensonges que fait briller aux yeux le passé d'Athènes et de Rome, on ne songe guère aux amertumes de la vie. Jeté dans une mansarde, sans autre mise de fonds que cinquante louis qui formaient tout mon patrimoine, je me dis de bonne heure : « Eh bien! travaillons. » Mais il faut encore avoir le moyen de travailler. Rivé à l'étude comme un galérien à sa chaîne, je piochais, comme on dit, sans relâche, me passant de feu l'hiver, de verdure l'été, mal vêtu, mal nourri, couché sur un lit dont le duvet n'était pas très-doux. Mais je ne me plaignais pas d'avoir à endurer de vulgaires privations. N'est-ce pas là loi commune d'avoir à trouver des obstacles et des dégoûts au début, afin de s'en éloigner? Ce n'étaient pas ces inévitables ennuis qui me paraissaient pénibles, mais plutôt le chagrin amer de n'avoir pas d'occasion de me révéler, pas de client, pas d'auditoire, ni de public à qui je pusse faire dire : « Voilà un jeune homme qui promet un sujet! »

« On vante le soldat qui parvient en temps de guerre, où il y a tant d'occasions de se montrer.

Personne ne tient compte de la lutte silencieuse qu'il faut soutenir dans les professions libérales, où l'on ne trouve pas à monter à l'assaut quand on veut. Quand je demandais des dossiers aux avoués de Paris, ils avaient invariablement à la bouche la même réponse : — « Eh! monsieur, vous êtes trop » jeune; attendez. » Ou bien : — « Eh! vous n'êtes » pas encore assez connu, mon jeune monsieur; » faites-vous un nom! » — Dieu sait si je dévorais mes larmes en voyant ma jeunesse s'envoler dans l'inaction et mes longues études ne servir à rien!

« A ce sujet de tristesse, il s'en joignait un autre auquel je n'étais pas moins sensible. Je veux parler de l'isolement, peine indescriptible, source de mille angoisses chez ceux qui ont un cœur fait pour aimer. C'est ce que Chateaubriand a en vue dans *René*, quand il parle d'un jeune esprit perdu dans la foule, « vaste désert d'hommes. » Vivre en reclus au milieu du mouvement de la vie mondaine, n'avoir autour de soi rien d'humain, pas une main fortifiante qui réchauffe la sienne, pas une voix qui dise : « Bon courage! » je ne connaissais pas de supplice plus dur. Hélas! les misères de notre société s'enfantent l'une l'autre! J'étais pauvre parce que j'étais inconnu, et j'étais seul dans une cénobie parce que j'étais pauvre. Mais qu'y faire? Trop délicat pour recourir à des palliatifs qui répugnaient à mes instincts d'homme du monde et à mon éducation, je ne cherchais pas à m'affranchir de la règle sévère que je m'étais imposée à moi-même : — la solitude et le travail.

« Vers la quatrième année de mon cruel apprentissage, le sort parut se fatiguer de se montrer si défavorable. Un de mes confrères, forcé de quitter Paris pour vingt jours, me chargea de plaider pour lui dans une affaire de testament. Il paraît que j'y produisis quelque sensation. Je gagnai ma cause. On parla beaucoup de l'incident au Palais.

« A quelques jours de là, un homme notable, le marquis Hector de Blanzay, vint me voir et me chargea du soin de ses intérêts.

« — Vous voilà désensorcelé, me dit-il.

« A dater de cette matinée, je devins un des orateurs du barreau les plus à la mode.

« Le succès a ses lois. Il fallut descendre de ma froide mansarde. A Paris, malheur au Spartiate qui s'entêterait à ne pas faire figure. Sous le premier prétexte venu, on le prendrait en horreur. On n'exige pas d'un homme qu'il soit riche, on se contente de vouloir qu'il paraisse l'être.

« J'eus donc un cabinet plus en harmonie avec les mœurs du temps ; c'est le même que je t'ai recommandé de garder. Des milliers de plaideurs en connaissent la route. Au bout de six mois, j'étais devenu une autorité dans ma profession.

« Vers le même temps, le marquis de Blanzay revenant me voir :

« — Mon cher Beauchêne, me disait-il, vous n'êtes pas seulement un avocat de talent, tout le monde reconnaît aussi que vous êtes un honnête homme. Voilà deux raisons pour lesquelles j'ai entièrement confiance en vous. Vous savez que je suis une tête fêlée, un vrai bourreau d'argent. De ma grande fortune, un bon tiers s'est déjà fondu dans mille fredaines; il est temps d'empêcher que le reste ne s'évanouisse aussi. Pour le faire, j'ai besoin d'un auxiliaire dévoué. Vous êtes mon homme; acceptez-vous de me tenir en tutelle ?

« Je répondis au marquis que, comme il s'agissait de le sauver de la ruine, j'étais tout entier à sa dévotion.

« M. Hector de Blanzay tira alors d'un portefeuille de maroquin une forte liasse de papiers.

« — Vous allez entrer en fonctions tout de suite, me dit-il.

« — Monsieur le marquis, attendez quelques jours, rien ne presse.

« — Qu'en savez-vous? Quoique ma tête grisonne,

j'ai toujours vingt ans. Hélas! la séve des jeunes passions me domine toujours! Tout a une fin. Un marquis même doit se ranger.

« Et comme je ne répondais rien :

« — Tenez, ajouta-t-il, voilà des contrats de rente et des billets de la Banque de France. Le tout représente 300,000 fr., somme que je veux garder comme une poire pour la soif, ou bien pour faire face à des nécessités imprévues.

« — Monsieur le marquis, 300,000 fr. c'est une somme considérable.

« — N'importe. J'en fais le dépôt entre vos mains; vous me la rendrez plus tard à ma réquisition, quand elle me fera faute.

« Et tout en jouant avec une chinoiserie :

« — Mon cher Beauchêne, vous pouvez la faire valoir comme il vous plaira. Entre nous, je vois se dessiner votre position; vous allez être un des hommes de loi le plus consultés; je sais que vous serez un bon répondant. Je ne vous demanderai qu'un simple reçu.

« Pour lui obéir, je fis ce reçu, et il ne fut plus question de rien.

« Ma situation s'améliorait, en effet, de jour en jour. C'est une coutume à Paris qu'un homme à marier soit l'objet de mille sollicitations.

« — Eh ! Beauchêne, à quoi pensez-vous ? me disait-on dans le monde. Comment ! vous êtes jeune, bien planté, bien posé ; mariez-vous donc ; on vous donnera une belle dot. » Ce refrain-là m'était chanté sur tous les tons cent fois par jour, chez des intimes ; je ne voulais me marier qu'à mon goût.

« — Ne pensons pas d'abord à la dot, disais-je. Ainsi qu'on ne me parle jamais d'un laideron qu'il faudrait prendre avec l'appoint d'un sac d'écus. Ou je resterai garçon, ou j'épouserai une femme jeune, jolie, spirituelle, une femme qui me plaira.

« A Paris, même dans cette matière délicate du mariage, on trouve tout ce qu'on veut, pourvu qu'on sache attendre et qu'on s'entende un peu à observer.

« Chez un banquier, qui recevait des artistes et des gens du monde, dans une soirée où l'on faisait de la musique, je rencontrai la première fois celle qui devait être ma femme.

« Tu as peu connu ta mère, mon cher fils, tu ne peux savoir que par ouï-dire quelle douce et charmante créature c'était. Delphine me faisait l'effet d'une merveille. Orpheline, petite fille d'un colon dépossédé de Saint-Domingue, elle était pourvue de tous les dons qui enchantent.

« — Ma dot n'est rien, me dit-elle ; — une sanglante émeute de noirs l'a brûlée.

« Je lui dis que je l'aimais plus pauvre que riche ; que j'étais jeune, grand ami du travail, déjà en veine de réussir et que l'argent ne serait rien pour nous.

« — Soit, me dit-elle en me tendant la main.

« Je ne peux pas trop le dire, ta mère fit entrer le bonheur avec elle dans notre modeste maison. Tout le monde l'aimait pour son inaltérable douceur. Tous mes jours étaient une série d'heures charmantes. Une seule chose choquait le regard de ceux qui nous entouraient, mais ne me blessait pas moi-même. En créole, élevée à la Guadeloupe, ma femme aimait la dépense. Il n'y avait pas de caprice si ruineux qui ne lui parût de nature à être satisfait. L'or coulait entre ses doigts comme l'eau sur les mains d'une lavandière. Elle ne m'en paraissait que plus aimable.

« On disait autour de moi :

« — Mon cher Beauchêne, bridez donc un peu ses désirs ; serrez un peu mieux les cordons de la bourse ; si vous la laissez aller de ce train-là, vous serez bientôt sur la paille.

« — J'ai mieux à faire, répondais-je.

« — Comment ça ? Que ferez-vous ?

« — Je travaillerai une fois de plus.

« Ernest, je me suis tenu parole.

« Nul n'a plus veillé, étudié, plaidé, écrit et remué que ton père dès le lendemain de son mariage.

« La fortune paraissait sourire à ma jeune maison. Par malheur, ce n'était qu'une fausse apparence. Quoique je tirasse des flots d'or d'une bouteille d'encre, je n'arrivai jamais, comme on dit, qu'à nouer les deux bouts ensemble à la fin de l'année. Toujours charmante, mais toujours créole, la femme que j'aimais tant ne savait pas borner sa dépense.

« Un certain hiver, en 1840, Paris s'affolait tout à coup de bal parés, prétexte à mettre en mouvement les joailliers, les couturières et toutes les faiseuses. Pour les femmes, la mode était de se montrer à ces réunions de manière à éblouir à force de dentelles, de marabouts et de pierres précieuses. Non-seulement ta mère céda au désir d'être de ces fêtes, mais encore elle voulut en donner.

« — Vous ne pouvez pas me refuser ce plaisir-là, mon ami, me disait-elle.

« Ce que je gagnais au Palais ne pouvait déjà plus suffire au train de la maison.

« Dans le même temps, cherchant à prendre une mesure de conservation bien concevable, je pressais le marquis de Blanzay de reprendre les 300,000 francs qu'il avait déposés entre mes mains.

« — Y pensez-vous? me dit mon client d'un ton fâché. Eh! que voulez-vous que je fasse de cet argent? Si je le reprenais, je le perdrais pour sûr au jeu, en fantaisies ruineuses ou en voyages. Admettons, si vous voulez, que je parvienne à le placer, il ne serait jamais aussi bien en sûreté que chez vous. Dans l'industrie, quelque aigrefin me l'emporterait en prenant la route de la Belgique. Si je l'immobilisais en biens-fonds, dans une propriété rurale, il m'exposerait à l'incendie, à l'épizootie, à la grêle, aux querelles avec les paysans; si je m'en servais pour acheter une maison dans Paris, j'aurais à redouter les non-valeurs, les procès, les réparations annuelles, mille ennuis. Ma foi, mon cher Beauchêne, j'aime bien mieux que vous le fassiez valoir comme vous l'entendrez. Vous savez mon dada? Avec vous, j'aurai toujours, sous la main, ma poire pour la soif.

« Et tout en me quittant, il ajoutait :

« — Mais quoi donc! vous voilà soucieux, seriez-vous gêné ?

« Il me semblait qu'il me piquait au jeu.

« — Monsieur le marquis, lui répondis-je, vos 300,000 francs sont là, dans mon portefeuille, sous forme d'un bon du Trésor. Voulez-vous les reprendre ?

« — Pas du tout, poursuit-il. Mais s'il vous survient quelque besoin urgent, ne vous privez pas; empruntez à ma masse. Je sais que vous me restituerez le tout, capital et intérêts. Ainsi je n'ai pas de soucis.

« Avant que cette recommandation m'eût été faite, je serais mort de faim auprès des 300,000 francs plutôt que d'y prendre un centime. Ces paroles du marquis m'armaient d'un droit dont je pouvais user à mon gré.

« M. de Blanzay avait bien deviné : les prodigalités de Delphine nous avaient placés dans la gêne. Je fis un premier emprunt aux 300,000 francs ; j'en pris un jour la sixième partie, en me disant tout bas : — « Voilà qui nous remettra à flot. » Mais qu'est-ce que 50,000 francs pour un jeune ménage de Paris qui prétend suivre sans retenue le train de la mode? Un second emprunt de même importance devint bientôt nécessaire, puis un troisième, toujours du même chiffre. Ma femme ne manquait pas de prétextes, puisqu'elle se modelait sur les têtes folles de son espèce. Il s'agissait tantôt d'aller passer un mois en Italie, afin de se rajeunir en respirant l'air de Naples; tantôt il fallait prendre les bains de mer à Dieppe, dans la saison où les millionnaires y abondent. Une autre fois, on ne pouvait se dispenser de louer une maison de campagne, l'été, aux environs de la ville, ni trop près, ni trop loin, à Ville-d'Avray, par exemple. Toujours épris, je ne savais rien refuser, et je découvris alors que j'étais en avance de 150,000 francs sur le dépôt fait par le marquis.

« Dans le premier moment, j'eus comme la tête perdue.

« — Cent cinquante mille francs qui ne m'appartenaient pas !

« Une tristesse incurable s'emparait de mon esprit.

« Puisque mon cabinet d'avocat, pourtant si bien placé, me disais-je, ne m'a pas donné assez pour soutenir ma maison, il est clair qu'il ne me permettra pas de sitôt de m'acquitter d'une somme si considérable.

« Je me faisais d'amers reproches, mais trop tard; Delphine, de plus en plus douce et souriante, attribuait aux tracas de mon métier cette émotion dont je lui dissimulais toute l'amertume. Le jour où la vérité lui fut connue, elle fit entendre un rire d'enfant :

« — Voyons, n'avons-nous pas le temps de devenir graves ? me disait-elle. Encore une saison ou deux de plaisirs ! Vous avez toujours une riche clientèle. Quand l'âge de la froide expérience sonnera, il suffira de deux ans de travail pour tout réparer.

« Le moyen de ne pas la croire ! J'obéis encore une fois à ses caprices. Comme cette saison était celle des adieux qu'elle voulait faire au monde, elle demanda une maison plus animée, de plus riches toilettes ; elle voulut des chevaux. Dieu sait à quelles conséquences désastreuses entraînaient ces frénésies de bon ton !

« La saison finie, je fis mon compte : les 300,000 francs du marquis étaient absorbés !

« — Je suis un homme perdu ! m'écriai-je.

« En faisant le beau fils, en menant la belle vie, j'avais un peu désappris l'amour du travail ; je *piochais* encore un peu, je donnais des consultations, je plaidais. Pour une existence modeste, ç'aurait été passable. Pour nous, prodigues, les résultats de cette activité quasi-sénile ne pouvaient déjà plus suffire.

« Un matin, en 1845, je reçus la visite du marquis de Blanzay.

« — Mon cher Beauchêne, me dit-il, où en sont les trois cent mille francs ?

« — Monsieur le marquis, vous pouvez vous rappeler que vous m'avez autorisé à m'en servir.

« — Sans doute. Je ne viens donc pas vous réclamer ce dépôt, sur lequel je suis bien tranquille. Il s'agit de tout autre chose. J'ai à vous demander un service.

« Là-dessus M. de Blanzay me mit dans la confidence d'une partie de sa vie passée.

« — Un jour, me dit-il, j'ai formé une liaison aux eaux avec une femme du nom de Marguerite Duchemin, que j'ai menée en Espagne. Dans l'ivresse de la passion, je lui ai promis, à Estella! de me marier avec elle, et peut-être même l'ai-je un peu épousée, en effet, le soir, à la lueur des flambeaux, à l'aide d'un prêtre que je ne connaissais pas et de deux témoins qui ne nous avaient jamais vus ni l'un ni l'autre. Il est certain que ce mariage était une de ces cérémonies illusoires et tout à fait romanesques comme on ne craint pas d'en faire quand on a la tête complétement tournée. Il est même arrivé qu'un à peu près de notaire a rédigé un semblant de contrat. Mais la destinée, plus sérieuse et plus sincère que nous, a permis que cet acte pour rire ait été placé parmi les papiers saccagés, pris, repris et brûlés, au milieu des soubresauts de la guerre civile. Cependant il en reste des lambeaux, et la preuve c'est que je viens vous en remettre la portion principale.

« En même temps il me tendait un petit cahier de papier marqué au timbre d'Espagne, jauni, désuni, lacéré, noirci par les morsures de la flamme, mais qui n'en conservait pas moins la physionomie d'un acte authentique. Il n'y manquait que les signatures, lesquelles avaient été lacérées ou brûlées.

« — On m'a appris, reprit le marquis de Blanzay, que la personne dont il est question dans ce papier avait le projet de se prévaloir d'une heure de mon égarement pour réclamer devant les tribunaux français le titre d'épouse que je ne veux pas lui reconnaître. Cet acte serait son seul répondant, et il est entre mes mains. Je refuse net. Toutefois, mon cher Beauchêne, j'entends me comporter en galant homme. Si je ne conviens pas du fait d'être le mari de Marguerite Duchemin, je n'hésite pas à reconnaître une liaison de vieille date et ses conséquences. Au reste, pour cette femme et pour la fille qui a pu résulter de nos relations, tout ce bruit extra-judiciaire ne serait, j'en suis sûr, qu'une affaire d'argent. C'est donc par l'argent qu'il faut mettre fin à ce débat, s'il se produit.

« — Monsieur le marquis, repris-je, vous me voyez à vos ordres.

« — Eh bien, le dénouement ne nous coûtera aucun embarras ni à l'un ni à l'autre, reprit M. de Blanzay. Vous avez entre les mains mes 300,000 francs, capital précis auquel je ne veux rien déranger ; vous en recueillerez les intérêts à votre guise, et je n'y veux rien voir. Je désire seulement que vous les cumuliez d'une manière productive jusqu'à former une somme qui dépassera 300,000 fr. Ce résultat obtenu, vous remettriez la somme à Marguerite Duchemin pour lui servir de bâton de vieillesse, à elle, et de dot à sa fille. Est-ce convenu ?

« — C'est convenu, monsieur le marquis.

« O mon Ernest, tu peux penser si j'avais le cœur gros durant cette conversation ! Les 300,000 francs n'existaient plus ; comment leur faire produire une somme égale à la leur ? Pour la millième fois, je me reprochais amèrement ma faiblesse pour les fantaisies de ta mère. Tu grandissais et je ne m'en blâmais que plus. Un dépôt a toujours été une chose sacrée ; malheur à qui touche à l'argent d'autrui qui lui a été confié ! Ma conscience saignait ; mais en voyant le marquis prendre congé de moi, je me disais : Par bonheur, j'ai du temps devant moi ; ce sera assez pour me libérer des deux obligations ; les 300,000 fr. et la dot de la jeune fille. Voilà encore une des habitudes de ce siècle : tout le monde compte sur le temps ; on réduit l'âge en hypothèses ; on se dit : J'ai tant d'années pour faire ceci, tant de mois pour terminer ce projet, et l'on ne sait pas si l'on sera encore debout demain.

« Mon cher fils, au moment où je t'écris cette lettre, toute trempée de mes larmes, te voilà grand, tout prêt à faire une brillante entrée dans la vie. Ignorant quel fatal secret je porte en moi, tu me souris et tu te dis en jugeant des choses sur les apparences : « Je serai du nombre des heureux. » Je l'ai vivement souhaité pour toi, mais je n'ai pu parvenir à donner une forme certaine à ma pensée. J'avais compté sur le temps ; il a marché et il ne m'a pas permis d'opérer la libération que j'espérais accomplir ; ta mère est morte ; je suis déjà usé par le chagrin, brisé par l'abus du travail, désenchanté de tout, puisque je te laisse au milieu d'une situation désastreuse. Ernest, tu connais toute ma conduite ; tu sais mes torts, si excusables et si graves ; — que vas-tu faire ? Ce que je t'ai laissé ne peut te permettre de payer les 300,000 fr. à M. de Blanzay quand il les demandera, et encore moins les autres 300,000 fr. sortis du cumul pour Marguerite Duchemin. — Ernest, que feras-tu ? — Médite, cherche, ingénie-toi, travaille, mais ne maudis pas ton père.

« NICOLAS BEAUCHÊNE. »

En parvenant à la fin de cette lettre, le jeune homme ne put se défendre d'imprimer respectueusement ses lèvres sur les deux derniers mots écrits par la plume de son père.

— Il y a eu de sa part une faiblesse, disait-il, mais pas une faute.

Le sang-froid revenant, il mesurait des yeux toute la gravité de sa position.

— Voilà, dit-il, un déficit de 600,000 fr. à combler. D'un moment à l'autre on peut venir le réclamer. Le procès entre le marquis et Marguerite Duchemin, qui est entamé, me menace d'un dénouement prochain. Comment donc faire ?

Il laissait tomber sa tête entre ses mains ; il prononçait des mots sans suite ; il s'écriait :

— Avec les 600,000 fr. à la main, je désintéresserais tout le monde ; mais 600,000 fr., c'est une fortune ; c'est le prix de toute une vie de travail, de privation et d'héroïsme ; et je n'ai que peu de ressources. Si je ne la trouve pas, cette somme de l'enfer, il faudra que je voie flétrir le nom que je porte ! Ma tête se perd ! ma raison s'en va !

En ce moment Victorine ouvrit la porte.

— Mon jeune maître, dit-elle, le marquis Hector de Blanzay demande à vous parler.

— Fais entrer, répondit Ernest Beauchêne.

V

Un homme de haute taille, encore vert, malgré ses cinquante ans, la figure hautaine, mais sur le front, dans les yeux, le long des joues, tous les signes d'une existence orageuse.

Tel était le marquis Hector de Blanzay.

En entrant dans le cabinet, il fit de la main un petit salut protecteur au jeune avocat.

Après s'être incliné légèrement, Ernest lui tendit un fauteuil.

— Eh! mon cher Beauchêne, dit le gentilhomme en se laissant tomber sur son siége, que se passe-t-il donc? Notre affaire n'avance pas. Où en est votre *Mémoire?*

— Monsieur le marquis, j'ai justement passé la nuit à l'écrire.

— Allons, c'est fort bien, cela. La chose presse. Vous savez que nous mettons tous nos fers au feu? Nous plaidons à outrance!

— Monsieur le marquis, j'ai appris hier, en effet, que Marguerite Duchemin ne voulait prêter l'oreille à aucune parole de conciliation.

— C'est précisément pour cela qu'il faut se montrer sans pitié. L'intrigante me le paiera.

En entendant cette menace, Ernest Beauchêne était devenu tout pâle.

— Pardon, monsieur le marquis, reprit-il, j'ai un mot à vous dire à ce sujet.

— Eh! parlez, mon ami; je vous écoute.

— Vous voulez bien me continuer la confiance dont vous aviez investi mon père?

— Sans aucun doute.

— Évidemment si je suis votre avocat, c'est pour vous conseiller dans la gestion de vos intérêts?

— Eh bien?

— Eh bien! monsieur le marquis, cette nuit même, en rédigeant le *Mémoire* contre Marguerite Duchemin, j'ai dû, pour comprendre le procès dans ses moindres détails, m'entourer de tous les documents qui peuvent s'y rapporter. Or, en fouillant dans un coffret de mon père, qui n'avait pas été ouvert depuis sa mort, j'ai mis la main sur une pièce assurément fort inattendue.

— Bon! je vois ce que c'est! vous voulez parler d'un prétendu contrat fait à Estella, un chiffon sans valeur?

— Un chiffon sans valeur, monsieur le marquis, parce que les signatures qui le sanctionnaient ont été brûlés par le feu de la guerre civile, peut-être, mais plein de force pour un homme de cœur.

Ce fut au tour du marquis à devenir pâle.

— Qu'est-ce à dire? s'écria-t-il avec un certain emportement. Penseriez-vous donc, monsieur, que ce contrat fût un acte sérieux?

— Monsieur le marquis, quand même un examen un peu grave ne me donnerait pas cette conviction, j'ai un autre motif de le croire tel.

— Eh! quelle preuve donc, s'il vous plaît, avez-vous?

— Monsieur le marquis, je parle d'une lettre posthume qui m'est adressée par Nicolas Beauchêne, mon père.

Et pour que le marquis ne pût pas prétexter cause de doute, Ernest se mit à lire à haute voix le passage de l'épître qui concernait le voyage à Estella.

Aux premières lignes, le marquis de Blanzay s'était levé de son fauteuil.

— Mais, monsieur, s'écria le vieillard d'une voix étranglée tout à la fois par la colère et la stupeur, ce contrat que j'ai autrefois remis entre les mains de votre père ne peut être aujourd'hui une arme au service de mes ennemis!

— Non, sans doute, monsieur le marquis. Aussi je viens vous offrir le moyen de n'être pas blessé par cette arme-là.

— Que voulez-vous donc dire?

— Je désirerais vous voir transiger avec Marguerite Duchemin dans les termes convenables pour tout le monde.

— Eh! monsieur, cette femme est intraitable! je lui fais offrir 300,000 francs de dédommagement, et elle n'accepte pas, vous le savez bien.

— Monsieur le marquis, si mes renseignements sont exacts, elle ne veut pas faire de cette question uniquement une affaire d'argent. Que le mariage ne soit pas ratifié, soit; elle y consent; seulement, elle exige que vous reconnaissiez sa fille, qui est, dit-elle, aussi la vôtre.

— La reconnaître? Jamais! s'écria le marquis de Blanzay en bondissant d'indignation.

Il reprenait sa canne et ses gants, afin de se disposer à sortir.

En même temps, d'un ton mêlé d'ironie et de colère, il ajoutait :

— Maître Beauchêne, rendez-moi votre dossier et mes pièces; je confierai mes intérêts à un autre avocat plus convaincu de la bonté de mon droit.

— Monsieur le marquis, je vois bien que vous ne connaissez pas les usages du barreau.

— Quels usages?

— Sachez bien qu'aucun de mes confrères, célèbres ou obscurs, ne se chargera de votre affaire, sur mon refus de la plaider. Si quelqu'un le faisait, ce ne serait qu'après m'avoir consulté et dès lors, j'aurais le devoir de lui dire : « Prenez garde ! on « vous engage dans une aventure des plus graves : « le contrat d'Estella est sérieux. »

Pour le coup, le marquis de Blanzay n'y tint pas; il revint tout à coup se placer près du fauteuil.

— Maître Beauchêne, je suis homme à soutenir deux guerres à la fois.

— Comme vous voudrez, monsieur le marquis.

— C'est pour vous prévenir que j'ai aussi un titre entre les mains, moi.

— Je le savais, monsieur le marquis.

— Votre père est mort en me devant une grosse somme exigible à l'instant même.

— Monsieur le marquis, c'est un total de 300,000 francs, plus les intérêts; je n'ignore aucune de ces particularités.

— C'est-à-dire, en défalquant quelques à-comptes reçus, des frais de gestion et de conseils, que la somme s'élève à 600,000 francs que vous aurez à payer dans une heure, si je le veux.

Ernest Beauchêne était devenu muet.

Quant au marquis, il adoucit un peu le ton de son langage et tout en souriant d'une manière étrange :

— Que le contrat soit détruit et effacé de votre mémoire, qu'on n'en parle plus, et j'anéantis la moitié de la dette, formée des intérêts. Bien mieux, je donne cinq ans pour payer ce qui reste.

— Monsieur le marquis, je n'ai pas de fortune, mais je ne puis accepter; le contrat est aussi bien à Marguerite Duchemin qu'à vous : je ne puis le détruire qu'avec son assentiment.

M. de Blanzay perdit tout sang-froid. Ses allures chevaleresques ne s'accordaient plus avec sa pensée.

— Monsieur Beauchêne, s'écria-t-il, puisque vous le voulez, c'est la guerre! Il en arrivera ce qu'il pourra. Ou dans une heure le contrat sera anéanti, ou vous serez tenu d'avoir à restituer 600,000 francs.

Il ajouta.

— Faute de paiement, je ferai passer votre père pour un dépositaire infidèle.

En parlant ainsi, il gagna la porte et sortit.

— Je suis un homme perdu! — s'écria Ernest; — mais il m'était impossible d'agir autrement sans cesser d'être un honnête homme.

La tête dans les mains, le front penché sur son bureau, le jeune avocat sentait sa raison s'évanouir.

— Je deviendrai fou, pensait-il.

Victorine entra.

— Mon cher maître, dit-elle, voici une lettre pressée.

Ernest Beauchêne rompit le cachet et ses yeux s'arrêtèrent sur ce qui suit :

« Monsieur,

« Sur le conseil de Me des Varennes, mon avocat, « je m'arrête enfin à un arrangement qui m'a été « proposé il y a quinze jours par M. le marquis de « Blanzay, votre client. Ne voulant pas que ma « fille soit exposée à rougir des détails qui pour- « raient être divulgués à propos de cette affaire, je « consens à me désister de l'action intentée par moi, « pourvu que la somme de 300,000 fr., qui devien- « dra la dot de mon enfant, me soit remise aujour- « d'hui même.

« Veuillez agréer, Monsieur, l'expression de mes « compliments.

« MARGUERITE DUCHEMIN. »

A cette lecture, une sorte d'éblouissement passa sur les yeux du jeune avocat.

— Allons, dit-il sur le ton du désespoir, le dépôt est maintenant réclamé par deux voix. O mon père, je ne te reproche rien! Si la vie est un combat, je lutterai. Mais dans quelle position cruelle suis-je placé!

Il se promenait de long en large, agité, les yeux tout en larmes, les cheveux hérissés, le front brûlant, ayant la fièvre dans les veines.

— Six cent mille francs à rembourser aujourd'hui ou la mémoire de Nicolas Beauchêne est déshonorée! J'ai beau tourner et retourner cette situation sous toutes ses faces, j'y vois une impasse d'où l'homme le plus intrépide ne saurait sortir. Le marquis de Blanzay me dit : « Anéantissez le contrat, et « je ne demande plus que la moitié de la somme « due. » — mais la voix de la conscience me crie : « Refuse. » D'un autre côté, la partie adverse intervient : « Si vous voulez que je me retire, présentez-« moi trois cent mille francs, mais sans le moindre « délai. » Impossibilité partout. N'est-ce pas à en mourir? Et Mathilde! quelle va être son attitude en présence du fils d'un homme qui a usé sans réserve d'un dépôt? Tous mes rêves dorés se sont envolés. Mathilde ne m'aimera plus! Comment pourrais-je d'ailleurs penser encore à elle, puisque me voilà deux fois ruiné, endetté de six cent mille francs et ne portant plus qu'un nom entaché d'une tare?

Éperdu de douleur il courait alors à une petite

boîte d'acajou, boîte à pistolets dont il se servait quand il allait s'essayer au tir de Gastine Renette.

— Tout bien examiné, murmurait-il, je ne vois plus que ce dernier expédient : mourir.

Il cherchait déjà d'une main tremblante l'arme dont il se servirait pour se casser la tête.

En ce moment, la porte s'ouvrit de nouveau.

Mathilde venait d'entrer.

En se jetant dans les bras d'Ernest :

— Victorine m'a fait prévenir, dit-elle ; ainsi j'entre sans me faire annoncer. Qu'y a-t-il ? Pourquoi ces traits défaits ? Ernest ! Vous avez des ennuis que je ne connais pas ! Il se passe quelque chose de sinistre chez vous. Voyons, parlez-moi !

Dans une causerie précipitée, entrecoupée de larmes et de sanglots, le jeune avocat raconta alors les diverses scènes de ce drame auquel il se trouvait mêlé à son insu, par le jeu d'une fatalité impitoyable.

— Je pleure, Mathilde, dit-il, et je pleure devant vous. Ah ! je n'ai pas honte de ces larmes ! C'est de rage, d'impuissance et de douleur que je suis brisé. Vous voyez qu'il n'y a pas d'issue à toute cette cruelle histoire.

Au moment où il achevait ces mots, la jeune femme jeta par hasard les yeux sur la boîte d'acajou ; — elle entrevit le pistolet dérangé de place.

Plus vive qu'une couleuvre, elle prit sur le bureau le contrat d'Estella et le jetant au feu :

— Voilà, dit-elle, comment je dénoue la question. Au feu, le contrat ! Ce document détruit, Marguerite Duchemin et le marquis n'ont plus que vous pour juge et pour conciliateur. Maintenant, pour tout finir, il ne s'agit plus que de donner trois cent mille francs à l'un et trois cent mille francs à l'autre. Eh bien ! Ernest, la chose va être bien plus facile que vous ne le croyez.

L'avocat, frappé d'immobilité, la regardait faire.

— Une plume ! une plume ! dit-elle.

Elle s'empara alors du premier lambeau de papier qui lui tomba sous la main, et écrivit avec un sang-froid de Romaine la formule du billet que voici :

A vue, sur ma seule signature, le caissier de la maison Rothschild remettra au porteur la somme de six cent mille francs, à prendre sur mon compte.

Paris, le 30 *septembre* 1855.

MATHILDE DUTHIL.

— Que faites-vous là, Mathilde ? s'écria Ernest Beauchêne tout tremblant. Mais vous vous ruinez pour moi !

— Je vous sauve, dit-elle en tournant légèrement les yeux du côté de la boîte aux pistolets.

Puis, prenant un air enjoué :

— Je ne porte pas la robe d'avocat, dit-elle, et cependant je m'entends en affaires. Ne trouvez-vous pas que le procès soit bien terminé ?

Elle tendit la main au jeune homme, la même main qui venait d'écrire le billet au caissier de la maison Rothschild.

Ernest Beauchêne, suffoqué par les larmes, n'avait presque plus la force de parler.

— Mais, Mathilde, reprit-il, comment voulez-vous que je m'acquitte jamais envers-vous?

— Ah! ce sera encore une chose facile répondit-elle. Dans trois mois, nous serons mariés. Vous travaillerez ; je serai économe, et, sous quelques années, il ne sera plus question de tout ce qui vient de se passer.

Trois heures après cette scène, les six cent mille francs, payés par la caisse du riche banquier israélite, avaient été partagés entre Marguerite Duchemin et le marquis : il n'y avait plus de procès.

Au commencement du mois de novembre suivant, Ernest Beauchêne épousait la jolie veuve à l'église Saint-Roch. — Il est aujourd'hui, sous un autre nom que celui qui figure dans ce récit, un des avocats les plus renommés du jeune barreau de Paris.

UN MYSTÈRE D'IL Y A TRENTE ANS

I

Ils se promenaient dans le jardin des Tuileries, sous les marronniers en fleurs. C'était au commencement du mois de juin, mois plein d'enchantements, cette année-là. On les avait mariés depuis trois jours seulement à l'église Saint-Thomas-d'Aquin. La fête avait marqué. Un lieutenant de corvette, encore jeune, donnant la main à une jolie marquise de vingt-deux ans, alliée à de puissantes familles du faubourg Saint-Germain; ce ne pouvait être qu'un beau spectacle. Mais en mettant à part la musique sacrée, les riches toilettes, la foule armoriée et tous les sourires du monde, il y avait quelque chose de fort précieux dans l'événement : deux jeunes cœurs qui battaient à l'unisson, et deux bouches qui ne s'ouvraient que pour prononcer la même parole :

— Je vous aime !

— Heureux homme que ce Raymond de Perlieu ! disaient les jeunes gens à la vue de l'officier de marine.

Raymond était sur le point de toucher à ses trente ans. Né deux ans avant le premier jour du siècle, il n'avait connu nos grands orages politiques que par la voix mourante des échos. En 1817, après la chute définitive de l'Empire, c'est-à-dire à l'heure où chez lui l'enfant faisait place au jeune homme, on l'avait mis sur un navire de l'État qui servait d'école aux marins de l'avenir ; il y avait étudié l'art difficile de la navigation dans tous ses détails. A mesure que les années avançaient, il devenait un sujet sur lequel on paraissait devoir compter. Il avait bien l'air d'être du bois dont on fait les Duquesne. Grand, bien découplé, brun, il portait sur le front et dans les yeux tous les signes caractéristiques d'un homme d'action. A vingt-deux ans, après son examen, admis en qualité d'enseigne sur le *Suffren*, il avait fait un premier voyage des côtes de la Bretagne à l'île de Ceylan. Pendant cette épreuve, la vocation s'était tout à fait décidée chez lui ; il aimait l'eau salée avec passion, en vrai loup de mer, et il était douteux qu'il aimât jamais autre chose. Durant la traversée, comme une tempête effroyable avait assailli le vaisseau à la suite d'un grain, il n'avait pas sourcillé une minute, ce qui lui avait valu l'honneur d'être cité avec distinction sur le journal du bord. Au retour du *Suffren* en France, Raymond, ayant vingt-quatre ans, avait été porté sur la feuille d'avancement pour le grade qui venait immédiatement après celui qu'il avait à la sortie de l'école. La Restauration tenait beaucoup à favoriser l'éclosion de sujets nouveaux. Aussi avait-on jeté les yeux sur l'enseigne comme sur un gage d'avenir.

De 1820 à 1825, si l'on en excepte l'expédition d'Espagne, tout était à la paix en France. Il n'y avait donc pas beaucoup d'occasions de changer d'épaulettes. A son grand chagrin, Raymond ne devait pas faire partie de cette expédition de Morée qui avait pour but de délivrer la Grèce de l'oppression des Musulmans. Il se fût certainement fait un nom à Modon ou à Navarin. Cependant, en juin 1828, à l'époque où commence ce récit, il arrivait à être nommé lieutenant de corvette, grade important, étape qui mène aux dignités de la marine.

— Peut-être parviendrai-je un jour aux premiers rangs, se disait-il en jetant les yeux sur son uniforme brodé d'or, mais ce qu'il y a de sûr, c'est que l'Europe et la mer sont trop tranquilles pour que j'y parvienne rapidement.

En effet, on ne songeait pas encore à cette affaire d'Alger qui ne devait résulter que d'un coup d'éventail encore à venir. Tout était donc au beau fixe.

Raymond de Perlieu se disait :

— Si je vis sans mouvement et sans glorieuses batailles, je voudrais bien pourtant vivre un peu pour ce qu'on appelle le bonheur.

C'est sur ces entrefaites que l'idée de se marier lui passa par l'esprit.

Dans un congé de semestre qu'il avait obtenu, il était venu à Paris, et là, grâce à quelques bonnes relations sociales, il avait eu accès dans plus d'un salon du beau monde. Le vent du jour était aux fêtes. On éprouvait le besoin de réparer les trouées qu'avait faites, dans le pays, une guerre de vingt ans de suite. Au milieu d'un bal, Raymond avait distingué une jeune et jolie héritière, Lucienne d'Urçay. — Jeune et jolie, ce ne serait pas assez dire : — Lucienne était une merveille. — Blanche, blonde, avec un visage pareil à celui que le Corrège prête à ses vierges, elle annonçait sur cette noble figure beaucoup de tendresse et cette chasteté divine, toujours si rare et toujours si enviée.

Raymond ne l'avait pas vue deux fois qu'il en était vivement épris.

Notre jeune officier prit des informations; Lucienne était une jeune fille à marier. Ni pauvre, ni riche, elle tenait un milieu honorable dans le monde; c'était ce qui pouvait le mieux convenir à un marin qui avait à faire son chemin. Ces renseignements obtenus, il se fit présenter, demanda à faire sa cour, dit qu'il aimait et se fit agréer.

En tout, les nouveaux mariés réunissaient quinze mille francs de revenu, somme qui ferait sourire de pitié nos riches traitants d'à-présent, mais qui, avant 1830, pouvait permettre à des jeunes gens de faire quelque figure dans le monde.

Une fois marié, l'officier de marine n'avait plus qu'une crainte; c'était que cette longue paix de l'Europe, dont il s'était tant plaint en sortant de l'école, ne vînt tout à coup à cesser. Il était avide d'amour; il se laissait amollir par le charme des deux grands yeux de sa Lucienne. Aussi avait-il déjà répété bien des fois depuis trois jours la même parole de crainte et d'espérance :

« J'espère bien qu'aucun coup de canon ne viendra troubler les douceurs de ma lune de miel. »

Depuis trois jours que son union avait été bénie à l'autel de Saint-Thomas-d'Aquin, il n'avait que cette pensée dans la tête et que ces paroles sur les lèvres. Cette vague anxiété le suivait dans sa promenade sous les marronniers des Tuileries, et tenant Lucienne sous le bras, il murmurait :

— Il y a un mois que je lis régulièrement le *Moniteur* tous les matins. Rien n'annonce qu'un seul nuage doive assombrir le ciel de la politique. Nous passerons donc toute la belle saison à Paris.

Lucienne rayonnait de bonheur.

— Pour les autres, disait-elle, Paris devient un désert pendant l'été. Les heureux du jour courent en Suisse, en Italie et dans ces fastueuses villes d'Allemagne où l'on se baigne et où l'on joue. Ainsi le veut la mode. Pour nous deux, Paris sera une région bénie ; nous y garderons un pied-à-terre, Raymond, pour que vous soyez à même d'obéir sans retard aux prescriptions de l'amirauté, s'il y en avait qui vous concernassent. Le reste de la saison, nous le passerons dans la vallée de Montmorency, sous les feuilles, dans une maison à toits rouges et à volets verts, qui est depuis cent ans la propriété de ma famille. Notre bonheur y sera caché avec tant de soin que nul ne viendra le troubler.

En parlant ainsi, ils arrivaient près du grand bassin où les promeneurs s'amusent à jeter des oublies et du pain blanc aux cygnes.

Cacher sa vie aux yeux du monde est un des préceptes les plus sages du Sage. Ils y songeaient, mais y a-t-il un seul projet de l'homme qui ne soit traversé? Tout château de cartes que bâtissent les enfants tombe au bout de dix minutes sous le souffle du vent ou bien par l'effort de quelque secousse fortuite. Il en est de même pour les plus beaux plans des hommes, ces autres enfants qui croient n'avoir jamais rien à redouter du sort. Au moment même où Lucienne répétait sa pensée : « Raymond, nous « cacherons bien notre bonheur, » — un vieil officier en habit bourgeois, décoré du ruban rouge de la Légion-d'Honneur, s'inclinant avec politesse devant la jeune femme, frappait familièrement sur l'épaule du nouveau marié :

— Ah! vous voilà, Raymond, disait-il; eh! justement je vous cherchais, mon ami. J'ai une nouvelle des plus importantes à vous communiquer.

— Quelle nouvelle donc, capitaine Varnier? répondit le lieutenant de corvette.

— Une chose qui vous concerne.

— Dites vite, je vous prie.

— Figurez-vous que je sors du ministère de la marine et des colonies. J'y ai rencontré l'amiral R..., vous savez, notre commun protecteur. Après m'avoir pris la main, il m'a dit : — « Nous avons

« du nouveau, Varnier. — Quel nouveau, amiral?
« — On vient d'ordonner l'établissement d'une nou-
« velle croisière dans l'Océan. — Bien joué, ami-
« ral. — Histoire de regarder un peu ce que font
« nos voisins les Anglais, sans avoir l'air de les
« épier trop ouvertement. — Je comprends, ami-
« ral. — Mais pour cette besogne-là, il nous faut
« des officiers jeunes, intelligents et sûrs. En con-
« naissez-vous sur lesquels on puisse particulière-
« ment compter? — Mais sans doute, amiral, j'en
« connais quelques-uns. » — Eh! ajouta le capitaine Varnier, en fixant un regard plein de suffisance sur son jeune ami; eh, mon cher Raymond, je vous ai nommé tout le premier. N'est-ce pas que j'ai bien fait? N'est-ce pas que c'est d'un bon ami, cela?

— Sans doute, répondit Raymond froidement, sans doute, capitaine, vous avez bien fait.

Et tout bas, comme en parlant à la cantonnade:

— Que le diable t'emporte, vieux mangeur de goudron!

— Au reste, se remit à dire le capitaine, l'amiral R... a pris bonne note de votre nom, séance tenante. Il est à supposer que, ce soir, en rentrant chez vous, lieutenant, vous trouverez de ses nouvelles.

En parlant ainsi, le vieux marin, s'inclinant de

nouveau, saluait de la main le jeune couple assez peu enchanté de ce qu'il venait d'apprendre, et se retirait en promeneur solitaire sur la terrasse des Feuillants.

— Eh bien, dit Raymond, — aussitôt que le loup de mer eut les talons tournés, — eh bien, ma chère enfant, voyez s'il est permis de faire des rêves quand on est tout éveillé? Hélas! voilà notre lune de miel entrecoupée d'absinthe. La voix du devoir est impérieuse au point de n'admettre aucune réplique : il faut obéir et se taire. — Et, tout en entraînant la jeune femme du côté de son domicile : — Ce sont bien là les amis, ces incorrigibles et éternels imitateurs de l'ours qui écrase avec un pavé une mouche sur la joue de l'amateur de jardins. Qui demandait à ce vieux désœuvré de s'occuper de mes affaires? Je sais qu'au fond il l'a fait par intérêt pour moi. Mais qu'est-ce qu'un intérêt inintelligent qui ne sait pas le premier mot de ce qu'il dit ni le premier point de la chose qu'il fait naître?

Raymond de Perlieu était en bon train. Peut-être allait-il s'emporter dans une longue tirade sur et contre l'amitié, lorsque la jeune femme, faisant contre mauvaise fortune bon cœur, lui fit remarquer que la croisière, voisine de nos côtes, ne serait sans doute que fort temporaire.

— Qui sait, ajouta-t-elle en s'efforçant de sourire, si ce ne sera pas seulement l'affaire de quelques jours? Vous me reviendrez ensuite, Raymond, avec un nouveau titre, pour un second congé bien plus long que le premier.

Comme ils étaient sortis du jardin, ils avaient, à force de hâter le pas, regagné leur demeure, aile d'un petit hôtel du faubourg Saint-Honoré.

Le capitaine Varnier n'avait pas trompé son jeune ami.

Il y avait quelques heures qu'une ordonnance à cheval, partant du ministère de la marine et des colonies, avait apporté un paquet cacheté à l'adresse de Raymond de Perlieu. On conçoit l'empressement que l'officier de marine mit à faire sauter l'enveloppe du message. Comme son cœur battait avec force! Comme son sang, fouetté par l'impatience, refluait brusquement jusqu'aux tempes! Lucienne était toujours souriante, mais non moins émue. Les doux yeux de la jeune femme, ne perdant pas de vue les yeux de son mari, cherchaient à pénétrer vite le secret recélé par ce pli importun.

Voici ce que contenait la dépêche :

« Vingt-quatre heures après avoir reçu la pré-
« sente note, le lieutenant Raymond de Perlieu se

« rendra à Brest, où un poste d'honneur lui sera « confié.

« Pour le ministre de la marine et des « colonies,

« L'Amiral R***.

« P.-S. — Les instructions seront données à « Brest même, par le contre-amiral B***. »

Il n'avait fallu au lieutenant qu'un rapide coup d'œil pour comprendre tout ce que contenait cette communication.

— Lucienne, s'écria le jeune officier, vous le voyez, il n'y a pas à hésiter, il faut partir pour Brest, et cela sans le moindre retard.

— Raymond, répondit la jeune femme sur un ton exempt d'emphase, je serais indigne de vous si je ne comprenais la grandeur de votre devoir. Il ne m'est pas possible de vous accompagner dans une expédition, puisque la discipline et les règlements s'y opposent, mais du moins je vous suivrai jusqu'à Brest et j'y demeurerai jusqu'à ce que vous soyez de retour.

Le lieutenant pressa la jeune femme dans ses bras en la couvrant de baisers; c'était répondre.

Toute la soirée fut employée à faire les préparatifs de départ.

Lucienne mit le temps à profit en écrivant quelques lettres d'adieu.

A l'aube, le lendemain, ils partaient en chaise de poste.

Une fois, pendant la route, Lucienne, enfant gâtée des salons de Paris, n'avait pas eu la force de retenir un cri de regret en voyant qu'elle s'éloignait du monde qui lui était familier. La jeune femme avait même laissé tomber dans la conversation un mot presque amer.

— Allons, nous ne verrons pas cette année la petite maison de la vallée de Montmorency !

— Non, chère belle, répliqua vivement Raymond; non, nous n'aurons pas, cet été, ce nid sous les feuilles où nous avions formé le projet de ne vivre que pour nous; mais si la loi inflexible du devoir nous éloigne de cet abri-là, nous en trouverons un autre où nous allons. J'ai tout lieu d'espérer que la croisière, si vigilante qu'elle soit, ne me prendra pas tous mes jours. Brest, vieille ville bretonne, moitié maritime, moitié agreste, a des quartiers retirés, parsemés de jardins comme en ont les villes d'Orient. Nous choisirons une maison située à l'écart du bruit. Ce sera là que tu m'attendras; ce sera là que j'accourrai à la première heure de liberté que me donnera la croisière.

— L'attente double les forces de l'amour, répondit la jeune femme rassurée; c'est peut-être un bien que ce contre-temps.

La chaise de poste allait comme le vent; — on ne tarda pas à arriver.

— Voilà Brest! s'écria le postillon.

— Voilà notre paradis terrestre, riposta l'officier de marine.

II

La dépêche était formelle; on n'admettait aucun retard.

Aussi, une heure environ après avoir mis pied à terre, Raymond se rendait chez le contre-amiral B***, afin de se conformer à l'ordre qu'il avait reçu du ministre.

Notre officier trouva le vieux praticien, stratège consommé sur terre et sur mer, couché sur une carte, un compas à la main.

Raymond de Perlieu montra ses papiers.

— Monsieur, lui dit le contre-amiral, une dépêche télégraphique m'annonçait votre prochaine arrivée. Entre nous, j'ai à vous dire que le gouvernement du roi attache la plus grande importance à cette croisière. On a en vue de surveiller, — avec politesse, — les mouvements de la flotte de Sa Majesté Britannique. Dans quel but? C'est ce que j'ignore et ce qu'il ne vous importe pas de savoir. Cependant, j'ai à vous apprendre que si vous devez mettre beaucoup de régularité dans votre service, vous n'aurez néanmoins pas à y consacrer tout votre temps. Comme tâche obligatoire, vous n'aurez à songer qu'à porter les communications de l'autorité supérieure au commandant de la croisière et à rapporter à terre les réponses qu'il aura à transmettre. En d'autres termes, vous serez de service un jour sur deux, couchant une nuit à bord de l'*Alcibiade* et l'autre nuit chez vous, à Brest. Il n'y aurait à changer cette attitude qu'en cas de guerre, et ce cas-là n'est pas probable.

Un jour sur deux à terre, un jour sur deux à se trouver auprès de Lucienne et à lui dire qu'il l'aimait, c'était plus que Raymond n'aurait osé espérer. Dans l'essor de son contentement, il répondit que, jugeât-on à propos de l'assujettir à une obéissance plus étroite, il serait heureux de manifester son dévouement.

— Fort bien, lieutenant, dit le contre-amiral, c'est avec des mouvements tels que celui-là que vous arriverez au grade de capitaine de vaisseau, et cela ne peut vous manquer un jour ou l'autre.

L'amiral ajouta que Raymond avait trois jours de répit, durant lesquels celui-ci aurait le loisir d'organiser son campement. Enfin il compléta ses instructions par quelques paroles exclusivement tirées du langage des marins, et qu'il serait inutile de reproduire ici.

Lucienne pouvait bien espérer qu'il serait permis à Raymond de venir de temps en temps à terre; elle n'aurait jamais supposé que ce dût être tous les deux jours. Aussi sa joie n'eut-elle pas de bornes quand la nouvelle de cette consigne lui fut communiquée.

— En réalité, nous ne nous quitterons pas, disait-elle, puisque tu ne feras qu'aller du port à la croisière et de la croisière au port. Il ne s'agit plus maintenant que de trouver une maison qui rappelle le plus possible celle de la vallée de Montmorency, et où nous puissions vivre sans autres témoins que Dieu et nous-mêmes.

Dès le jour même, cette maison fut louée. Quoiqu'elle ne fût pas très-éloignée du port, elle était cependant à une distance raisonnable du bruit qui sort des navires en partance. On l'avait construite au milieu d'un jardin planté de tilleuls et de sycomores. Du haut d'une petite terrasse ayant vue sur la mer, la jeune femme pourrait, une longue-vue à la main, signaler de loin l'approche et bientôt l'arrivée de son mari. Elle assisterait aussi pour ainsi dire à son départ. Tout cela n'était pas sans présenter une lointaine analogie avec l'histoire d'Héro et de Léandre, et séduisait, par conséquent, l'esprit romanesque de Lucienne. Dans l'enjouement de sa pensée, la jeune Parisienne transplantée en Bretagne allait jusqu'à tourner la chose en plaisanterie et à dire :

— Vous savez, Raymond, que, dans les temps d'autrefois, les heureux avaient une maison de plaisance au bord de la mer. Nous qui ne rêvions aucun luxe en nous mariant l'autre jour, nous aurons la vie des anciens patriciens, égaux des rois. Tout près des magnifiques et terribles harmonies de l'Océan, un jardin, planté d'arbres du Midi, une terrasse et un doux abri pour nos amours, que désirer de mieux?

La jeune femme, fort entendue dans les détails d'intérieur, comme le sont d'ordinaire les Parisiennes, se chargea de veiller à l'ameublement de la nouvelle résidence. On devine sans peine tout le parti qu'elle sut tirer de la petite maison. Lucienne avait du goût; elle tenait à rendre singulièrement aimable ce nid de ses premières et chastes tendresses que la fortune plaçait maintenant sous le ciel poétique mais changeant de la Bretagne. Les délicatesses du comfort usité dans la Chaussée-d'Antin ne devaient pas y être épargnées. La terrasse, qui devenait encore plus un observatoire qu'un point de réunion pour respirer la fraîcheur du soir, était ornée de tentures et de longues-vues; on y avait aussi placé deux échelles, dites de meunier, de manière à y arriver au plus vite, dans les heures emportées de l'ennui et de l'impatience.

Il fallait aussi songer au service intérieur de la petite maison. Raymond, sûr d'une haute paie, n'entendait pas qu'on lésinât sur ce chapitre; il voulait que Lucienne fût obéie comme une princesse des contes de fées. On eût donc une caméristе, spécialement attachée à la personne de la jeune femme; en second lieu, une cuisinière, chargée de tout ce qui concernait la table; enfin, un domestique mâle, moitié palfrenier, moitié groom, ayant pour emploi de s'occuper surtout de la voiture dans laquelle Lucienne sortirait, et de faire les courses toutes les fois qu'il en serait requis.

Ainsi organisée, la résidence n'était plus tout à fait une Thébaïde; ce n'était pas non plus le théâtre d'une existence mondaine, mais un entre-deux, merveilleusement disposé pour l'existence que le jeune ménage aurait à mener à Brest, pendant tout le temps que durerait la croisière.

Femme d'élite, Lucienne aimait la musique et les plaisirs de l'esprit; elle acheta un piano et fit venir des livres.

Une des pièces de l'étage supérieur, sise près de la terrasse, fut arrangée en atelier; Lucienne y faisait de la peinture, pastel ou aquarelle, suivant son caprice.

— Vous voyez, disait-elle à Raymond avec une grâce charmante, vous voyez, mon ami, que j'ai sous la main tout ce qu'il faut pour tromper l'absence; mais je compte bien que vous agirez comme si j'étais l'amante de Léandre, toujours en éveil sur le haut de ma tour, un flambeau à la main; vous vous hâterez toujours de revenir, mais pas pourtant au point de ressembler en tout au triste et malheureux nageur.

Les trois jours concédés par le contre-amiral étaient passés depuis deux semaines; Raymond était donc allé déjà plusieurs fois porter un mot d'ordre à la croisière et en rapporter une réponse. Ainsi il avait été permis aux deux jeunes gens d'essayer leur nouvel idéal et d'en apprécier toute l'heureuse combinaison.

— Ami, disait Lucienne, notre vie s'écoulera ici douce, ignorée et calme. A tous égards cela vaut bien mieux que l'existence brillante et orageuse de Paris.

— Ah ! répondait Raymond, qui prenait à tort ces paroles pour l'expression d'un fugitif regret ; ah ! Lucienne, ne désespère pas : nous reverrons les enchantements de Paris bientôt, un jour, quand je serai capitaine de corvette et que nous serons devenus riches.

Là-dessus il l'avait pressée sur son cœur, et il était parti.

— A demain, disait-il en traversant le jardin. Pendant que j'irai à la croisière, étudie la nouvelle romance de Romagnési, que tu me joueras le soir de mon retour, au moment où nous prendrons le thé.

En ce moment, la nuit tombait, une nuit tiède du mois de juin, un peu sombre à cause d'un gros nuage noir qui rembrunissait l'horizon. Quand, du haut de la terrasse où elle était montée, Lucienne vit l'espace s'enrouler tout-à-coup dans les plis du crépuscule, elle détacha ses beaux yeux de la mer et descendit dans son atelier.

— Que faire ?

Il n'y avait pas assez de lumière pour qu'elle se

mît à peindre, d'ailleurs un mouvement vague et indéfinissable ramenait sa pensée à la rêverie avec tant de force qu'elle eût été dans l'impuissance d'esquisser même une fleur immobile.

— Lisons, dit-elle.

Elle sonna Marianne et se retira avec elle dans sa chambre à coucher. L'indéfinissable angoisse de l'inquiétude la travaillait toujours. Qui ne connaît ces moments-là, où ceux qu'un être cher vient de quitter ont le cœur labouré par l'aiguillon d'un indescriptible chagrin ?

— Y a-t-il de l'orage en l'air ? se demandait Marianne. Ces masses noires qu'on aperçoit dans le ciel le feraient craindre. C'est sans doute pour cela que Madame n'a plus la même sérénité.

Lucienne se sentait placée sous la pression d'une poignante douleur ou de quelque invisible attaque comme ces pauvres oiseaux des bois que l'œil fascinateur du basilic fait descendre de branche en branche jusqu'à la gueule visqueuse du monstre. Mais où pouvait être le serpent ? Jusqu'à ce moment la jeune femme ne trouvait autour d'elle que l'ennui provenant d'une séparation prévue. En laissant tomber sa belle tête dans ses mains, elle se disait :

— Serait-ce que Raymond a quelque chose à craindre ? Mais il est évident que je divague, puisque la route qu'il parcourt ne cache point d'écueils et que l'équipage qui le porte est monté par les meilleurs matelots de notre marine. Ce ne peut donc pas être cela. Est-ce l'orage, comme le redoutait ma femme de chambre? Mais je suis à l'abri de la tempête et des coups de vent. Il faut que ce soit quelque restant de la timidité tremblante et aveugle d'une petite fille, qu'on a brusquement éloignée de ses habitudes. Allons, qu'il s'écoule une heure encore, et cette influence disparaîtra.

Cependant Marianne avait allumé les bougies.

— Cette atmosphère est décidément trop chargée d'électricité, reprit Lucienne : j'étouffe !

Et elle donna ordre à sa caméristе de la dégrafer.

—Madame a-t-elle encore besoin de moi? demanda la femme de chambre.

— Non, pas pour le moment, répondit Lucienne avec douceur. Mais je désire être seule. S'il arrivait que j'eusse quelque chose à vous demander, je vous sonnerais. Allez.

Quand la servante se fut retirée, la jeune femme reprit le livre un moment délaissé, afin de continuer sa lecture.

Si le lecteur veut bien ne pas oublier que l'action de ce petit drame se passe en 1828, sous Charles X, il y a trente-sept ans, il réfléchira que la France se trouvait alors en plein Romantisme. Une Ecole inconnue, pleine de hardiesse, rajeunissait les formes littéraires, trop affadies par un cycle tout à la fois militaire et bachique. Pendant vingt ans, à l'Académie et au Caveau, on avait abusé de l'épopée et de la chanson à boire. On n'avait mis dans les romans et au théâtre que des histoires saugrenues de vengeance ou de brigandage, tels que le *Chien de Montargis* et *Victor* ou *l'Enfant de la Forêt*. En vain deux ou trois grands esprits de la taille de Charles Nodier et de Benjamin Constant avaient cherché à changer cette grossière poétique ; l'heure de la rénovation n'avait pas encore sonné. Cette heure tant désirée, elle ne devait se faire entendre qu'à la date dont nous parlons, en 1828, âge merveilleux, plein de jeunes poëtes sonores, encombré de prosateurs colorés et d'artistes fougueux qui voulaient à toute force tuer la routine. Pour y arriver, beaucoup des novateurs érigeaient l'extravagance en système. Dans le monde bizarre de leurs idées, ils ne voyaient que des types impossibles à force d'être monstrueux. C'était bien un autre abus ! On avait vécu vingt ans sur les bucoliques de Gessner, mêlées à la prose puérile de Ducray-Duminil et voilà qu'on n'admettait plus maintenant que des géants, des ogres, des figures fatales, le tout formulé dans un style écrit avec du vitriol. Les types les plus en vogue donnaient la chair de poule à toute notre innocente bourgeoisie. Han d'Islande, c'est-à-dire un être moitié homme, moitié démon, qui vit dans un antre avec un ours et qui boit l'eau de la mer dans le crâne de son fils, habilement tourné en coupe ; type ! Bug-Jargal, un esclave noir, fils de roi, qui fait brûler par la torche de l'incendie les habitations de la race blanche ; type ! Un bâtard fashionable, qui se venge de l'origine de sa naissance en se lançant dans le viol, à l'aide de strangulation ; type ! Passons-en. Depuis ces premières heures d'ivresse, la littérature s'est quelque peu purifiée, mais seulement quelque peu. On ne voit plus dans les chefs-d'œuvre de ce temps de si grands scélérats, on n'y rencontre que des coquins. On ne chante plus les crimes, on se borne à justifier et à embellir les vices. Mais il y a eu avant nous, une année anté-diluvienne où tout le monde appelait et applaudissait les monstres. Cela ressemblait aux sourires d'enfant que faisait notre planète lorsque d'immenses sauriens précédaient l'arrivée de l'homme. L'année 1828 était justement cette époque-là, et le livre que feuilletait Lucienne, un de ces romans fatals où toute la belle rage lyrique d'alors coulait à flots.

Lucienne lisait ou plutôt elle essayait de lire.

On sait déjà à combien de frémissements sans cause apparente tout son être était en proie. — Marianne avait dit : — « Est-ce l'orage ? » Lucienne elle même, inquiète, perdant tour à tour et la raison et le courage, se demandait entre autres choses : — « Est-« ce parce que Raymond s'éloigne quelques heures « pour aller faire une promenade près des côtes d'An-« gleterre? » — Et elle se répondait avec raison, qu'il n'y avait rien à redouter, ni à cause de la mer ni à cause des Anglais. — Un instant après, elle se faisait une autre question :

— « Y aurait-il donc ici, autour de moi, une in-« fluence mystérieuse et terrible ? » Et elle n'osait se répondre. En lisant ce livre, récemment venu de Paris, tout imprégné des idées du temps, tout chargé de passions, elle se disait que, peut-être, c'étaient les effluves qui s'échappaient de ce roman qui lui montaient au cerveau. Dans un moment d'hallucination magnétique, pareille à celles qui saisissent les somnambules, elle paraissait entrevoir tout à coup un danger, mais sans forme, sans nom, sans dénoument arrêté; — c'était un entêtement bizarre, et elle lisait toujours.

Une fois que Marianne fut partie, elle tourna encore trois feuillets du livre, et puis, s'élançant malgré elle dans un monologue :

— Quelle folie que la mienne! dit-elle. Voyons, qu'aurais-je donc à craindre dans cette maison bâtie comme un fort? J'y suis défendue par trois domestiques, dont un homme. Au moindre cri d'alarme jeté par la fenêtre entr'ouverte, vingt voisins accourraient à mon secours. Mais d'ailleurs pourquoi attiser dans ma tête le feu des terreurs chimériques? Il n'y a pas de ville en France mieux gardée que ne l'est Brest, en raison du bagne. Autant de pavés, autant de sentinelles. Encore une fois, il n'y a rien à craindre.

En se parlant ainsi *in petto*, Lucienne cherchait à combattre l'invasion de la chaleur, et rejetant ce que ses habits pouvaient avoir de trop lourd, elle faisait elle-même une de ces toilettes du soir qui sont si commodes pour les *liseuses*. Ces apprêts terminés, elle s'asseyait négligemment sur un sofa de lampas bleu, afin de reprendre son livre.

Ce livre, roman sinistre et coloré, n'était autre que le *Bonnet-Vert* de Méry, drame plein de mouvement, dont la scène se passe à Toulon, à cent pas du bagne.

Toujours avide d'émotions rapides, la jeune femme, dans son impatience, avait déjà dévoré le premier chapitre, où l'on commence à voir apparaître un homme qui est condamné à traîner à perpétuité un boulet d'infamie.

— Quelle horrible histoire! murmurait-elle à tout bout de page. Ce drame donne la chair de poule!

En ce moment même, deux nuages noirs s'étant rapprochés dans l'air, un orage entrecoupé de rouges éclairs éclatait en mugissements soudains. De grosses gouttes de pluie, fouettées par la rafale, venaient s'écraser contre les vitres.

— Par bonheur, pensait la *liseuse*, Raymond doit être à trois lieues d'ici, en pleine mer, et cet orage passera vite.

Elle reprit sa lecture.

Son front brûlait.

Ce récit du romancier s'était glissé dans ses veines et allumait son sang. Une fièvre subite imprimait à son pouls un mouvement plus vif.

— Mon Dieu! qu'est-ce que tout cela signifie-t-il donc? se demandait-elle.

Ayant posé le livre sur un coussin, Lucienne tourna machinalement les yeux autour de la chambre. Il lui sembla que les rideaux de la fenêtre venaient de remuer.

— Allons, je suis de plus en plus folle, pensa-t-elle; c'est le vent d'orage qui vient du dehors.

Pour se remettre un peu, elle ouvrit un petit drageoir d'argent ciselé où se trouvaient des conserves de fruits ; — elle y prit un quartier d'orange qu'elle projetait de sucer ; mais au moment même où elle allait le porter à ses lèvres, elle aperçut près d'elle, ayant une main appuyée sur le dossier du sofa, un homme, un forçat, qui dardait sur elle de grands yeux noirs.

Lucienne poussa un cri d'effroi.

— N'ayez aucune crainte, madame, lui dit l'inconnu à demi-voix ; je ne suis pas un ennemi.

III

Il s'était écoulé quelques instants.

— Madame, ne soyez pas si effrayée, reprenait l'homme en s'avançant d'un air poli et réservé vers la jeune femme. Je vous jure sur mon salut éternel, que je ne veux vous faire aucun mal.

Lucienne s'était évanouie de frayeur.

Au bout de dix minutes, quand elle revint à elle, l'orage grondait toujours avec fracas au dehors, et la sinistre apparition était encore debout à ses côtés. Le forçat lui humectait les tempes à l'aide d'un linge mouillé et lui faisait respirer un flacon d'éther.

— Reprenez votre sang-froid, madame, disait-il d'une voix qu'il s'efforçait de rendre douce le plus possible. Cette livrée du bagne que je porte est bien faite pour vous effrayer, j'en conviens; mais veuillez m'écouter un instant, et vous verrez que je ne suis pas ce que vous paraissez redouter.

— Ah! monsieur!...

Lucienne était suffoquée tout à la fois par l'épouvante et par la pudeur outragée. — Il faisait nuit. — Dans le cercle sacré du foyer domestique, où pas un œil étranger ne pouvait l'offenser d'un regard indiscret, Lucienne, ainsi que nous l'avons dit, s'était assise demi-nue sur un sofa, pleine de sécurité et prête à se livrer au sommeil. La vue de cet homme en habits rouges lui fit d'abord porter ses deux mains tremblantes sur ses yeux. Dans le mouvement d'horreur qu'elle n'avait pas eu la force de retenir, elle rappelait la chaste déesse au carquois d'argent le jour où elle fut surprise au bain; mais Diane avait au moins pour se défendre ses nymphes irritées et ses chiens aux dents de diamant, et c'était en vain que Lucienne cherchait autour d'elle sa camériste et les deux autres domestiques de la maison; elle était seule, bien seule!

Par bonheur, un châle de l'Inde était à portée de sa main sur le meuble. La jeune femme s'en saisit,et après s'en être enveloppée, elle recouvra un peu d'assurance.

— Madame, reprit l'inconnu, si je ne me trompe pas sur la direction de vos regards, vous cherchez à vous jeter sur le cordon d'une sonnette ; eh bien, vous avez tort. Ce serait peine perdue. Avant qu'on ne fût accouru à votre aide, je vous aurais cassé la tête d'un coup de pistolet ou bien percé le cœur de mon poignard, si telle était mon intention. Mais à quoi bon vous tuer ? Dans quel but vous faire une violence quelconque ? J'ai besoin que vous viviez et que vous soyez ma protectrice. Ainsi, je vous le répète, vous n'avez à appréhender de mal d'aucun genre.

Un certain air de distinction, qui servait de lien à ces paroles, contribuait à rassurer un peu la pauvre éplorée.

— Si tout ce que vous dites est vrai, dit-elle, partez, monsieur ! disparaissez !

L'inconnu alla poser le flacon d'éther sur la cheminée.

— Fuir ! Ah ! madame, pas encore, reprit-il en baissant la voix, et la raison est celle-ci : c'est que je n'aurais pas fait cent pas, même à travers champs et par cet orage, que je serais arrêté et déchiré par le fouet des gardes-chiourmes.

Il s'était rapproché, mais en désarmant un pistolet de poche qu'il n'avait pas cessé de tenir à la main.

— Vous avez déjà compris, madame, j'en suis sûr, que je viens de m'évader du bagne. Le canon d'alarme ne tardera pas d'ailleurs à rendre le fait public. Si l'on me rattrape, je suis un homme mort, et mort après mille tortures ; voulez-vous avoir à vous reprocher le sang qu'on tirerait du cœur d'un malheureux?

— Mais, se hasarda à dire la jeune femme, que voulez-vous de moi, monsieur ?

— Il me faut un refuge jusqu'à la tombée de la nuit de demain.

— Comment! monsieur, une nuit et un jour?

— Oui, madame, une nuit et un jour.

Comme il voyait les traits de Lucienne s'attrister de nouveau :

— Ah! reprit-il, le temps me paraîtra plus long qu'à vous, soyez-en bien convaincue.

Il porta ensuite la main à son front, et après avoir fait entendre un profond soupir :

— Sachez, poursuivit-il, que je me ferais plutôt tuer ici, sous vos yeux, que de consentir à retourner dans leur purgatoire d'infamie.

— En attendant, monsieur, objecta la pauvre Lucienne, vous changez en bagne cette maison, pure jusqu'à l'heure où vous y êtes entré.

— Ah ! madame, prenez garde ! Je ne suis pas un voleur ni un être dégradé. Savez-vous pourquoi une cour d'assises m'a condamné à porter pour toujours cet horrible habit rouge, l'uniforme du crime? Pour une chose que tous les hommes réprouvent et que presque tous feraient, le cas échéant : pour une vengeance d'amour. A Paris, il y a deux ans, pendant une nuit de carnaval, j'ai tué une femme, couverte de son masque ; elle me trompait, elle se jouait de la foi qu'elle m'avait jurée. Si vous avez un cœur généreux, comme tout l'annonce, vous comprendrez un tel fait, sans l'excuser. Il y a des injures qui ne peuvent être lavées qu'avec du sang.

Par le mouvement de ce rapide récit, Lucienne, qui avait encore présent à l'esprit tout le drame du *Bonnet-Vert*, se retrouvait tout à coup en plein romantisme. Le temps allège tout. Si le juste sentiment d'horreur et d'épouvante de la jeune femme durait encore, ses craintes s'étaient néanmoins un peu affaiblies. Elle se sentait maintenant la force de parler autrement que par sanglots et par monosyllabes. Ce qu'elle venait d'apprendre ne diminuait pas la gravité de sa situation dans le cas où l'homme viendrait à être surpris chez elle, mais ces confidences lui faisaient espérer un dénouement dont elle n'aurait pas à rougir. Une seule chose l'inquiétait; c'était la longueur du délai réclamé par l'inconnu avant sa disparition : — une nuit et un jour! A tout instant, sa pensée anxieuse revenait à ce point tout à la fois terrible et délicat.

Vingt minutes environ s'étaient écoulées depuis que Lucienne s'était séparée de sa femme de chambre. Un moment, il lui sembla entendre du bruit dans l'escalier; au même instant, un coup de canon partait du fort.

— Voilà la fille qui me sert, dit la jeune femme à voix basse; vous pensez sans doute que je ne dois pas la laisser entrer.

— Si je le pense! répondit l'homme avec des yeux terribles. Ordonnez-lui de se retirer, ou nous sommes perdus tous les trois.

Marianne grattait déjà à la porte.

— Madame a-t-elle besoin de moi?

— Je vous ai déjà répondu que non.

— Ah! c'est que je croyais avoir entendu du bruit dans la chambre de Madame. Mais à propos, Madame doit être encore toute tremblante d'un coup de canon; c'est pour signaler l'évasion d'un forçat. On les rattrape toujours avant la fin de la nuit.

— C'est bon, c'est bon, Marianne; allez vous mettre au lit; vous viendrez voir demain, au jour, si j'ai des ordres à vous donner.

Elle et l'inconnu faisaient silence; il leur était donc permis d'entendre le bruit que la caméristo faisait en marchant et même de saisir quelques mots d'une chanson de condamné que le canon du fort avait sans doute réveillée dans sa mémoire, et qu'elle fredonnait en s'éloignant.

Marianne chantait :

J'ai vu passer la chaîne,
La brigue don daine,
Et me suis *cavallé*,
La brigue don dé.

Quand la voix eut tout à fait cessé de se faire entendre :

— Je ne suis coupable de rien, monsieur, vous le savez, dit Lucienne, et cependant, durant tout le temps que cette fille a passé entre la porte et moi, j'ai tressailli d'effroi comme si j'avais à lui cacher le plus impardonnable des crimes.

— Ah ! madame, reprit l'inconnu, c'est un généreux mouvement dont je vous bénirai jusqu'à mon dernier soupir; mais je vous ferai aussi la réponse de Guatimozin couché sur ses charbons ardents : Croyez-vous que j'aie été sur des roses ? Vu ou seulement soupçonné d'être ici par cette fille, j'étais le jouet d'un horrible dilemme : ou j'étais condamné à mourir devant tout le bagne, ou j'étais obligé de demander mon salut à un double assassinat.

En parlant ainsi, il portait tour à tour ses mains à son front pâle et à ses pistolets.

Lucienne ne put réprimer un geste de terreur.

— Mon Dieu, madame, je n'ai pas voulu vous effrayer, mais seulement vous faire comprendre ma position. Rassurez-vous donc et parlons de notre affaire.

— Justement, monsieur, il ne pleut plus ; l'orage a cessé. Ne trouvez-vous pas que l'occasion serait bien choisie pour fuir ?

— Fuir, madame ! Impossible. Je vous ai déjà dit que je vous demandais asile pour une nuit et pour un jour, et j'y renonce moins que jamais. En second lieu, je vous rappelle le coup de canon du fort dont Marianne vous parlait tout-à-l'heure. Je suis sûr que ce bruit sinistre a éveillé toute la campagne à trois lieues à la ronde. Tenez, s'il n'était pas d'une haute imprudence d'ouvrir vos fenêtres, je vous ferais voir au bout de mon doigt les torches qui s'allument déjà de tous côtés pour poursuivre le fugitif. Les paysans bretons me cherchent d'autant mieux qu'il y a cent francs de récompense pour celui qui me ramènera mort ou vif. Voulez-vous que j'aille me jeter sous les fourches de fer et sous la faulx de ceux qui s'imaginent me donner la chasse ? Non, madame, vous avez trop bon cœur et vous m'aiderez à me sauver d'une autre manière.

La pendule sonna dix heures.

Dix heures du soir, à Brest, c'était nuit close, surtout si l'on veut bien se reporter à une distance de plus de trente ans.

— Mais cependant, monsieur, dit Lucienne, il faut prendre un parti.

— Sans doute.

— A quoi vous arrêtez-vous donc ?

— Je vous l'ai déjà dit plusieurs fois, madame ; je passerai la nuit ici.

Cette fois il avait le ton sec et impératif.

Lucienne comprit qu'elle n'arriverait pas à dompter cette invincible opiniâtreté ; seulement elle cherchait à obtenir que l'un des deux, — elle ou lui, — peu importait, — se retirât dans une pièce voisine.

L'étrange visiteur s'inclina.

— Madame, dit-il du ton d'un homme du monde, je comprends toute la délicatesse de votre situation. Cette livrée du crime, que je porte, vous donne le droit de tout craindre; mais permettez-moi de le répéter : je ne mérite pas d'être confondu avec mes tristes compagnons du bagne. Je ne veux pas dire que j'aie été condamné injustement. Non, je reconnais que la sentence n'avait rien d'outré; j'avais rougi mes mains dans le sang de l'assassinat. Cependant cette action même, que je vous ai fait connaître en deux mots, devrait me mettre à l'abri de soupçons avilissants. Pour rien au monde, je ne voudrais faire violence à une femme; à plus forte raison respecterais-je la femme qui aurait contribué à mon salut. Ah! madame, en vous parlant ainsi, je ne cherche pas à faire de phrases à effet. J'ai toutes les déclamations en horreur. Dans un avenir prochain vous pourrez, je l'espère, apprendre quel homme est venu vous demander l'hospitalité. Coupable, il l'est; mais il est plus malheureux encore que coupable, et la profondeur de son infortune aura été comme une fournaise dans laquelle il se sera purifié. Allez, madame, vous n'avez rien à appréhender. Si vous souhaitez d'être seule, ordonnez-moi de me réfugier dans une pièce voisine, en me donnant votre parole qu'on ne viendra pas m'y inquiéter; promettez-moi que jusqu'à demain soir ce qui se passe en ce moment sera un secret entre vous et moi. En agissant ainsi, madame, vous aurez fait une action généreuse; croyez bien que vous n'en dormirez que plus doucement.

Ces paroles, prononcées d'un ton simple, n'avaient pas laissé que de toucher profondément la jeune femme. Ainsi toutes les défiances sinistres, dont s'était d'abord armé son esprit, tombèrent une à une.

— Tenez, madame, reprit l'inconnu, voici un cabinet de toilette attenant à votre chambre à coucher; si vous y consentez, je m'y retirerai. Pendant ce temps-là, vous n'aurez rien à redouter de ma présence.

Lucienne réfléchit qu'au bout du compte celui qui lui parlait pouvait être encore animé de quelques sentiments délicats :

— Soit, dit-elle, j'accepte. Vous êtes bien sûr, monsieur, que je ne vous livrerai pas. Vous allez vous retirer dans le cabinet où se trouve par hasard un lit de sangle; dormez-y, si vous pouvez dormir.

Et, se reprenant.

— Si tout ce que vous m'avez dit est vrai, monsieur, non-seulement je pourrai me fier à vous, mais encore je serai de moitié dans votre projet d'évasion. Avant tout, tenez, quittez l'horrible livrée du bagne; voici du linge et des habits de mon mari; changez, nous brûlerons plus tard vos infâmes haillons.

Au bout de dix minutes, ce que venait de dire la jeune femme était exécuté. L'étranger, revenant près de Lucienne, n'était plus, bien entendu, le même homme. Couvert d'un frac vert, élégant dans ses gestes, il avait réellement l'air d'un homme de bonne compagnie.

— Madame, reprit-il en tendant un paquet à sa protectrice, voici la casaque rouge et ses odieux accessoires. Je compte que vous voudrez bien donner suite à votre bienveillante promesse en jetant tout cela au feu.

IV

Cinq minutes ne s'étaient pas écoulées que toute la défroque n'était plus qu'une poignée de cendres.

L'homme se tenait debout, regardant avec une sorte d'admiration, cette jeune femme qui faisait disparaître le témoignage de sa honte.

Quand le bonnet, qui portait le numéro fatal, eût disparu sous la flamme, après la casaque, l'inconnu ne put retenir un cri de joie.

— Ah! maintenant, madame, s'écria-t-il, grâce à vous, il serait difficile de dire de quel lieu maudit vient votre visiteur.

Dans le premier transport de son contentement, il s'approcha d'un petit piano de palissandre, encore entr'ouvert. Il y promena ses doigts et se mit à jouer un air de Rossini, alors à la mode.

— Ah! cela ne va pas! reprit-il en s'interrompant tout à coup. C'est que mes doigts n'étaient plus habitués depuis longtemps à s'exercer sur un clavier d'ivoire; on leur faisait faire un tout autre labeur!

Il venait d'apercevoir un album, et, après avoir taillé un crayon, il improvisait une silhouette de femme sur la première page blanche qui venait de se fixer sous sa main.

— Perdu par une femme! sauvé par une femme! s'écriait-il.

Cependant, comme Lucienne s'était approchée pour voir ce qu'il venait de faire il s'était hâté de défigurer son dessin en le couvrant de barres noires.

— Ah! madame, disait-il encore, je n'aurais pas voulu que vous vissiez quelle femme j'ai dessinée!

Puis, se ravisant :

— La nuit est avancée. Vous devez avoir besoin de repos. Reprenons, s'il vous plaît, nos conventions. Je me retire dans votre cabinet de toilette, tandis que vous demeurez dans votre chambre à coucher. Encore une fois, n'ayez nulle crainte. J'aimerais mieux mourir cent fois que de ne pas respecter une femme telle que vous.

Lucienne, fatiguée, brisée de toutes les agitations de cette soirée si orageuse, se jeta sur son lit, posant tour à tour la main à son front et sur son cœur, en se disant :

— Est-ce une réalité? est-ce un rêve?

Au petit jour, la jeune femme s'éveilla de ce sommeil flottant, mêlé de souvenirs amers et de terreurs soudaines.

— J'ai beau n'avoir aucun reproche à me faire, se disait la chaste femme, la présence de cet étranger est terrible pour moi. S'il venait à être découvert, à deux pas de la chambre où je repose, je serais perdue aux yeux du monde et de mon mari.

Lucienne se leva.

Dans son trouble, elle n'osait faire un mouvement; mais, à la fin, jugeant que le temps devenait de plus en plus précieux, elle allait se décider à frapper trois coups à la porte du cabinet de toilette afin d'appeler son étrange protégé, lorsque ses yeux tombèrent sur une sorte de billet entr'ouvert, placé sur le piano. — La jeune femme s'en saisit à la hâte et y trouva les lignes suivantes écrites au crayon :

« Madame,

« Quand vous vous réveillerez, je serai sans « doute loin d'ici. Pendant votre sommeil, j'ai « changé tout à coup mes plans d'évasion. Il m'a « paru plus net de partir cette nuit que la nuit pro- « chaine, où il y aura sans doute un redoublement « de zèle et de vigilance. — Vous trouverez votre « maison telle qu'elle était avant que j'y sois entré. « — Seulement, par mesure de sûreté, j'ai arraché « d'une panoplie un petit poignard malais à lame « recourbée, que je joints à mes pistolets. Rassu- « rez-vous : ce n'est pas un vol, mais un emprunt. « On vous le rendra prochainement, avec un sou- « venir, marque bien modeste d'une reconnaissance « qui durera autant que moi.

« Adieu, madame, je ne fais pas de vœux pour « vous. Les cœurs tels que le vôtre n'ont besoin « d'aucune intercession auprès de Celui qui récom- « pense les héroïsmes inconnus. Je veux cependant « vous dire que, dans l'intérêt de votre repos, je « serai aussi discret que vous avez été généreuse.

« Vicomte CHARLES DE S***. »

— Un vicomte! se disait Lucienne. Tout, en effet, annonçait bien en lui un homme du monde.

Elle brûla le billet dans la même cheminée où la casaque rouge et le bonnet vert avaient été consumés la veille.

Quelques heures après, Marianne entrait pour le besoin de son service.

— Eh bien, madame, disait la caméristе, tout en préparant la toilette de sa maîtresse, figurez-vous que la ville est toujours en l'air à cause du forçat qui s'est évadé hier au soir. Personne n'a pu parvenir à mettre la main sur lui ni même à savoir de quel côté il s'est enfui.

Lucienne ne crut pas devoir prolonger la conversation sur ce sujet.

Dans le courant de la journée, un paysan, presque muet, sonna et demanda à parler à madame de Perlieu, pour affaire pressante. Cet homme tenait à la main un petit paquet, assez élégamment scellé d'un cachet de cire verte à armoiries. Aussitôt qu'il fut introduit, il tendit cette sorte de message à la jeune femme.

— Qui vous a chargé de me remettre ce paquet, mon brave homme? demanda Lucienne.

— Un étranger, un homme qui avait l'air très-comme il faut. Je l'ai rencontré ce matin, au petit jour, à Kergorec, c'est-à-dire à quatre lieues d'ici.

En me quittant, il m'a glissé une pièce d'or dans la main. Il doit être loin s'il court toujours.

L'homme parlait fort lentement comme un grand nombre de Bretons.

Pendant ce temps-là, madame de Perlieu, rompant la cire du paquet, trouvait, entre deux feuilles de papier de soie, le poignard malais, proprement fixé dans sa gaîne. L'envoi était accompagné de quelques pieds de mouches, faits à la hâte et au crayon :

« Chose promise, chose due. Je vous renvoie l'ob-« jet que j'ai pris chez vous. Dieu soit loué! je « n'aurai pas eu à en faire usage. Au moment où « un paysan des environs vous le remettra, j'aurai « trouvé une chaise de poste qui doit m'attendre et « je me dirigerai en droite ligne sur Paris, qui est « mon port de salut.

« Adieu, madame. Je ne vous dis pas que de loin « je veillerai sur vous (vous avez plus d'un ange « gardien qui vaut mieux que moi), mais je ne ces-« serai de vous bénir et, au besoin, de vous servir.

« VICOMTE DE S... »

Le messager congédié, Lucienne brûla cette nouvelle lettre, et, après avoir replacé le poignard malais dans la panoplie :

— Toute cette aventure, se dit-elle, n'est déjà plus qu'un vague souvenir, un point perdu dans l'espace.

Raymond ne tarda pas à venir. Pour se conformer à son habitude, il se jeta au cou de sa femme. Il aurait pu remarquer que la charmante recluse, plus émue que de coutume, le serrait sur son cœur avec plus d'effusion que jamais.

— Il me semble que tu as été huit jours absent, lui dit-elle.

En soupant, auprès de sa femme, Raymond parla d'un incident qui faisait le sujet de toutes les conversations au port et dans la ville. Il s'agissait de l'évasion d'un forçat, homme mystérieux, d'une assez haute naissance et qu'on prétendait avoir été condamné sous un nom qui n'était pas le sien.

— J'ai entendu dire, ajoutait-il, que ce condamné ne serait autre que le vicomte Hercule de S..., propre neveu de M. de V...; c'est un brillant cavalier que je me souviens parfaitement d'avoir vu, à Paris, dans quelques salons du faubourg Saint-Honoré. Il paraît qu'il aurait eu l'étrange folie de prendre au sérieux l'amour entre gens non mariés et qu'il aurait tué d'un coup de couteau une femme qu'il accusait de l'avoir trompé. On ajoute qu'il a réussi à gagner les côtes d'Angleterre sur une yole.

La jeune femme avait l'air de ne prêter à ce récit qu'une oreille distraite.

— A propos, reprit Raymond, on a dû tirer le canon d'alarme; j'espère bien que tu n'as pas eu peur?

— Je n'en ai éprouvé qu'une émotion légère, répondit Lucienne.

Et elle changea brusquement de conversation.

— Par bonheur, pensait-elle, je n'ai rien à me reprocher; j'ai même accompli une bonne action, si c'en est une que de prêter son assistance à un malheureux tel que le vicomte de S...

V.

Cette croisière, qui avait appelé Raymond de Perlieu à Brest, ne devait être qu'un expédient temporaire, ainsi que nous l'avons déjà dit. La raison politique pour laquelle on avait décrété cette mesure ayant disparu, le ministre de la marine prit un arrêté pour la dissoudre.

— Lucienne, il faut nous préparer à quitter la Bretagne, dit un soir Raymond en rentrant. Il vient d'arriver un ordre de l'amirauté qui m'appelle aux Antilles.

— J'irai partout où vous voudrez que j'aille, répondit la jeune femme.

Comme le nouveau service de l'officier de marine exigeait qu'il se rendît dans les eaux de la Martinique, il prit ses mesures pour installer Lucienne à Saint-Pierre, dans une petite habitation à peu de chose semblable à celle de Brest.

Pendant près d'une année, la vie s'écoula calme et sans épisode notable pour le jeune ménage. Raymond ne venait pas à terre aussi souvent que du temps de la croisière des côtes d'Angleterre, mais ses absences n'étaient cependant pas de longue durée.

Un soir de septembre, en 1829, au retour d'une de ses courses, il reçut une caisse des mains d'un noir. L'esclave interrogé ne savait pas répondre.

Raymond fit sauter le couvercle de la cassette. Il y trouva quinze bouteilles d'excellent vin d'Espagne, avec cette étiquette : *A monsieur Raymond de Perlieu, en souvenir d'un grand service rendu.* — L'officier de marine se creusait la tête afin de se rappeler à quelle personne il avait pu rendre un service qui justifiât une pareille largesse.

— Je ne trouve pas, se disait-il.

Dans un coin de la caisse, enveloppé dans du papier de soie, il rencontrait un nouveau cadeau :

c'était un admirable bracelet en or, figurant la forme d'un serpent. Les deux yeux étaient formés par deux émeraudes du plus grand prix.

— Qu'est-ce que tout cela signifie ? se demandait Raymond, de plus en plus intrigué.

Au premier anneau du bracelet était attaché un petit chiffon de papier avec ces mots écrits au crayon :

« Monsieur de Perlieu est prié d'offrir et de faire « accepter ce bracelet à madame de Perlieu ; c'est « toujours en souvenir du même service rendu. »

Point de signature ; aucun indice.

Raymond appela Lucienne.

— Venez donc voir, mon amie, si vous serez plus heureuse ou plus habile que moi. Voilà un double et magnifique présent. Chacun de nous deux y a sa part. Cela n'empêche pas que ce ne soit une énigme de la plus belle eau. Je veux bien que le diable m'emporte si j'arrive à en trouver la clef.

Lucienne n'eut pas à chercher longtemps pour reconnaître l'écriture. Très-certainement c'étaient les mêmes caractères que ceux qui formaient les deux billets de la nuit sinistre passée à Brest. Si elle avait pu nourrir des doutes, ils eussent été effacés par une bizarrerie. L'artiste, évidemment fort savant, qu'on avait chargé de faire le bracelet, avait dessiné et gravé sur la plaque d'or un boulet et une chaîne de forçat rompus.

— Eh bien, comprenez-vous ? demandait Raymond à sa femme.

— Mon Dieu, non, mon ami, — répondait Lucienne en dissimulant pour la première fois de sa vie.

— Ah ! j'y suis, moi ! s'écria tout à coup l'officier de marine en frappant dans ses mains d'un air de triomphe. Cette chaîne et ce boulet rompus, si bien dessinés, sont un double emblème qui réveille ma mémoire endormie. Il y a déjà dix mois, très-peu de temps après notre arrivée dans ce pays, j'avais été chargé de donner la chasse aux négriers qui amènent des noirs de la côte de Guinée sur ces mers. Un d'eux, espagnol de nation, était tombé entre nos mains. Arrêté, il devait, suivant la lettre des conventions internationales, être traduit devant une sorte de conseil maritime qui n'aurait pas pu se dispenser de le condamner aux galères. Sa jeunesse et son repentir m'émurent. Après une forte indemnité payée par lui à l'hôpital maritime, j'obtins qu'on le laisserait passer. Il disait se nommer Don Garcias de Riberos, et il a dû chercher un refuge dans l'île de Cuba. C'est sans doute de la Havane qu'il m'envoie ce brillant cadeau.

Et, tout rayonnant de joie, Raymond ajouta :

— N'est-ce pas, Lucienne, que je suis parvenu à trouver le mot de l'énigme ? Le boulet rompu, la chaîne brisée, c'est le bagne évité.

Lucienne contemplait le riche bracelet avec une sorte d'admiration, mêlée de stupeur ; c'était sa manière de répondre.

Cependant la Restauration marchait d'un pas rapide au-devant de ses destinées. Juillet éclata comme un coup de tonnerre. Aussitôt que Charles X eut repris le chemin de l'exil, ce qu'on nommait encore dans ce temps la haute société parisienne tomba dans un étrange état de confusion. Les amis de l'ancien pouvoir, obéissant à un sentiment chevaleresque bien concevable, se confinaient déjà dans la retraite ; les courtisans du nouveau régime n'étaient pas encore accrédités. Dans les dix ou douze salons qui étaient ouverts, même après l'orage des trois jours, on ne voyait que quelques aventuriers blasonnés, habitués à tout encenser pour profiter de tout. A côté d'eux, étonnés ou indifférents, les Ulysses d'ambassade et les diplomates étrangers se montraient dans leurs habits de gala et donnaient ainsi quelque relief à ces réunions si hétéroclites.

Raymond de Perlieu, qui était resté au service, avait été rappelé de la Martinique à Paris. Un peu égoïste, comme tous les nouveaux mariés, il dédaignait les épisodes de la politique pour ne songer qu'à son avancement.

— Il y a déjà six mois que je devrais être capitaine de corvette, se disait-il. Personne ne me donnera-t-il donc un coup de main ?

Pendant l'hiver de 1831, un soir de janvier, l'officier de marine avait conduit sa femme à une fête que donnait un des personnages du temps. Comme il avait à parler à un homme en crédit qu'il venait d'apercevoir, il fit asseoir Lucienne dans un petit salon, sur un sofa.

— Je reviendrai vous trouver avant dix minutes, lui dit-il.

Il n'y avait pas plus d'une vingtaine de personnes dans ce petit salon. En voyant entrer Lucienne, un homme d'une tournure assez distinguée, appuyé sur la cheminée, se retourna et tressaillit. De son côté, Lucienne le regarda et, après avoir porté sa main à son front, elle se dit :

— J'ai déjà vu quelque part ces yeux vifs et ce front résolu. — Puis ramenant un à un ses souvenirs, bruyants comme des oiseaux envolés : — C'est l'homme de la nuit de Brest ! ajouta-t-elle toujours en se parlant à elle-même.

Au même instant, on demandait des *rentrants*

pour les tables de bouillotte. Deux des interlocuteurs de l'inconnu s'inclinèrent et parurent se diriger du côté des salles de jeu.

Lucienne, singulièrement émue, vit alors le personnage venir droit à elle. La jeune femme avait déjà remarqué que plusieurs ordres étrangers brillaient sur sa poitrine, et elle savait depuis longtemps qu'il mettait un titre devant son nom.

— Madame, lui dit-il après un profond salut, permettez-moi de vous remercier de la bonté que vous avez eue de songer à porter mon bracelet. — En même temps, il lorgnait avec une certaine complaisance cet appendice de la toilette de Lucienne. — Je vois, ajouta-t-il, que vous l'avez trouvé de votre goût malgré certain dessin assez énigmatique. — Puis, passant brusquement à un autre sujet de conversation : — Je ne suis rien dans le nouveau gouvernement, mais j'y ai quelques amis qui ont la main longue. A leur insu, ceux-là vont devenir dès ce soir les protecteurs de votre mari. Il y a longtemps que M. de Perlieu fait d'inutiles démarches pour parvenir au grade de capitaine de corvette, qu'il a si bien mérité. Je vous réponds qu'il n'aura plus à attendre.

Sur ces dernières paroles, l'inconnu fit derechef un profond salut et se retira.

Lucienne ne devait plus le revoir.

En rentrant le soir, Raymond disait à sa femme :

— Figure-toi qu'un instant avant de te rejoindre, j'ai rencontré dans les salons un homme que je n'avais jamais vu. Il est venu poliment à moi et il m'a dit : — « Lieutenant, j'ai l'honneur de vous annon- » cer que vous serez bientôt capitaine. »

VI

Le lendemain, un peu avant l'heure du déjeuner, Raymond, prenant l'air à la fenêtre, en fumant un cigare, vit s'approcher de la maison une estafette à cheval.

C'était une ordonnance qui lui apportait un pli scellé du sceau de la marine et des colonies.

La lettre décachetée, Raymond vit qu'il était promu au grade dont l'inconnu lui avait parlé dans la soirée de la veille.

A l'expression de sa joie se mêlait la pointe d'un certain étonnement.

— Quel est donc ce mystère ? demandait-il à Lucienne.

— Il me semble, répondait-elle, que cela a beaucoup de ressemblance avec l'énigme de mon bracelet.

Il n'y avait qu'une honnête femme qui pût faire ainsi une réplique mêlée d'un peu d'ironie.

LA PUPILLE DU BANQUIER

I

Un soir, en 186..., sur la fin d'avril, on dansait au piano dans un petit hôtel du Faubourg Saint-Honoré, chez la comtesse de Villeblanche.

Cette comtesse de Villeblanche, beauté du lendemain de la Révolution de Février, frisait la quarantaine ; c'est dire qu'elle commençait à se faner et qu'elle ne voulait pas vieillir. Pour se faire illusion sur ses charmes qui s'envolaient, elle s'étourdissait, comme on dit, dans une interminable série de petites fêtes dont elle était l'âme. Tout le temps qu'elle ne passait pas à la campagne, aux eaux des Pyrénées ou en voyage, elle le donnait aux plaisirs de l'hiver, toujours très-long à Paris. Veuve, riche, élégante, elle n'avait qu'un souci, qui est, avouons-le, partagé par un grand nombre de femmes de ce temps. Madame de Villeblanche ne cherchait pas à paraître toujours jeune, mais elle s'évertuait en efforts héroïques pour faire voir qu'elle n'était pas encore vieille et qu'elle ne le serait jamais. L'art fournit à présent assez de ressources pour qu'on puisse aisément tromper les yeux. D'ailleurs un vers fameux d'un de nos poëtes s'était fixé aux plis de sa mémoire et n'en sortait plus :

Mon extrait de baptême est vieux, mais non pas moi.

Dans le petit hôtel de la rue des Écuries-d'Artois dont nous avons parlé, elle prenait plaisir à jouer à la femme de trente ans. On y donnait des fêtes d'un goût encore juvénile, on y faisait de la musique, on y dansait, même pendant le carême ; on y inaugurait les toilettes à la mode, on y tirait des tombolas philanthropiques ; mais, avant tout, hommes et femmes, on n'y rencontrait guère que de jeunes et frais visages.

Madame de Villeblanche, confondue dans la foule de ses invités ne *jurait* pas trop à l'œil, du moins pendant un certain temps. Un matin, en interrogeant sa psyché, l'élégante veuve comprit qu'il fallait cependant choisir peu à peu des toilettes moins printanières. L'indiscrétion du miroir venait de lui montrer deux ennemis terribles, qui se font vite escorter de leurs pareils : — le premier cheveu blanc, la première ride.

A cet aspect, une larme se suspendit tout d'un coup aux cils de l'Hébé sur le retour.

— N'importe, se dit-elle, ne changeons pas brusquement de rôle pour ne pas nous faire trop remarquer; mais mettons à profit ce double et sévère avertissement pour ménager une transition. Désormais je ne serai plus tout à fait l'égale de celles qui viendront à l'hôtel, mais je serai leur conseillère; une amie qu'on aimera à consulter.

Une autre pensée s'éveilla dans son esprit. Madame de Villeblanche ne put se défendre de sourire en songeant à l'expédient que cette pensée soudaine lui suggérait.

— Eh bien ! je vais me mettre, sans en avoir l'air, à les marier tous les uns après les autres. Au bout du compte y a-t-il rien de plus moral ?

A vrai dire, la moralité du fait n'entrait que pour peu de chose dans la résolution de la comtesse. On peut même avancer qu'elle obéissait alors, sinon à un calcul, du moins à un sentiment intéressé. Sous quelque point de vue qu'on l'envisage, le mariage a le privilége de mûrir les jeunes têtes. Un homme de trente ans qui vient de prononcer le *oui* fatal au pied des autels n'a déjà plus le droit de se dire un jeune homme. Une folle pensionnaire de vingt ans, qui a reçu l'anneau des mains du prêtre, vient d'assister à une cérémonie qui lui a mis du plomb dans la tête. Les liens de famille nivellent donc bientôt les situations les plus dissemblables, et c'est, du reste, une des plus sages prévisions de la société.

Ce soir d'avril où l'on dansait au piano chez elle, madame de Villeblanche mettait son ingénieux système à l'essai.

Au nombre des jeunes gens du monde qui fréquentaient la maison, se trouvait un diplomate en herbe, M. Emerand de Saint-Estève, qui était quelque chose comme un modeste attaché d'ambassade. Tout le monde sait que les gens titrés d'à présent ressemblent en général à leurs pères du temps de la Régence; ils possèdent de beaux noms, de vénérables parchemins, un arbre généalogique, des armoiries, mais c'est à peu près tout. Or comment être quelque chose au dix-neuvième siècle si l'on n'a pas d'argent? Jeunesse, beauté, esprit, courage, noblesse, tout cela n'est qu'un accessoire. Le principal est l'argent. Si cette assertion est vraie une fois pour la généralité, elle l'est deux fois pour les diplomates.

M. de Saint-Estève, assez distrait, faisait le tour du salon quand la comtesse l'arrêta près d'un couloir en lui donnant un léger coup d'éventail sur le bras.

— Monsieur le futur ambassadeur, lui dit-elle, vous avez l'air d'être en quête d'une chose que vous ne trouvez pas. Voulez-vous que je vous dise ce que vous cherchez ?

L'attaché d'ambassade s'inclina en prononçant quelques paroles, empreintes de politesse et de surprise.

— Tenez, reprit la comtesse en accentuant un peu plus nettement ce qu'elle disait, vous êtes baron, vous êtes jeune, brillant, désireux d'arriver à un poste diplomatique qui vous donne le droit de vous avancer plus tard vers les hautes dignités. Pour vous aider à faire ce premier pas, il vous faut un trésor, une femme.

Ici, Emerand de Saint-Estève s'inclina de nouveau.

En personne habile, rompue à toutes les allures du monde, madame de Villeblanche prit cette émotion pour un consentement.

— Eh bien! ajouta-t-elle en s'efforçant de baisser un peu la voix, il y a dans ce salon la perle rare que vous désirez, la jeune femme nécessaire à votre bonheur.

Là-dessus elle fit mine de fermer son éventail, et tout en en dirigeant les franges du côté d'un groupe :

— Cher monsieur, reprit-elle, regardez bien cette adorable danseuse aux yeux et aux cheveux noirs.

— Celle qui a un bouquet de roses thé à sa ceinture ?

— Mademoiselle Mary de Lucenay. Eh bien! c'est justement celle que je veux vous faire épouser.

En sa qualité de maîtresse de maison, Madame de Villeblanche se devait à tous ses invités. Le colloque à bâtons rompus qu'elle venait d'avoir avec Saint-Estève ne pouvait guère se prolonger plus longtemps. S'excusant sur le besoin où elle était de donner des ordres pour les buffets, la comtesse dit à Emerand qu'elle aurait à le revoir avant peu pour reprendre l'entretien au point où elle l'avait laissé. En attendant, elle invitait l'attaché d'ambassade à observer celle qu'on lui destinait.

— Si vous vous donnez la peine de l'étudier, dit-elle en s'éloignant, vous verrez bien, monsieur le baron, que c'est la perfection même.

Emerand fit un tour dans le salon, en ayant l'air de jeter autour de lui des regards indifférents.

— Ce qu'il y a de certain, se disait-il, c'est que

cette jeune fille est sans contredit une des plus jolies de la réunion.

Et il passa quelques instants dans une salle de whist, afin de continuer son pessonnage d'homme distrait.

II

S'il faut s'en rapporter aux légendes du passé, toutes les nuits un sylphe venait se poser sur l'oreiller de Guillaume de Normandie, qui n'était pas encore Guillaume-le-Conquérant, pour lui souffler à l'oreille ces paroles imprégnées d'un feu dévorant : « Passe donc la mer au plus vite et empare-« toi de l'Angleterre. » Le prince, à la fin, n'eut de repos ni de trêve qu'après avoir accompli la conquête en question. En réduisant les choses au petit cadre de la vie moderne, il en était de même pour Emerand de Saint-Estève, qui tressaillait encore du son étrange des deux ou trois mots que lui avait dits la comtesse : « — Il faut que vous ayez pour femme « cette jolie danseuse aux cheveux noirs. » Déjà le désir le mordait au cœur. L'image de Mary de Lucenay étincelait à ses yeux comme la silhouette d'une fée. Appelant en vain à son aide son sang-froid de diplomate, il se disait que ce beau projet de la comtesse n'était encore qu'une imagination vaine, un rêve, une espérance fugitive; il cherchait à s'attacher au jeu qui se débattait devant lui ; il se préparait même à s'intéresser à la partie en pariant pour un joueur de ses amis. Tout cela, peine perdue. Il ne parvenait toujours à fixer sa pensée que sur un seul point : la jolie figure de la jeune fille au bouquet de roses-thé.

Mary de Lucenay avait vingt-deux ans. Ce n'était pas une de ces beautés fatales du genre de celles qu'il est de mode de faire intervenir dans les romans; c'était une gracieuse miniature. Ce qui est joli plaît, surtout parce qu'il charme sans étonner. La danseuse aux yeux noirs n'était ni petite, ni grande, mais elle avait une taille ravissante, ronde et cambrée, un pied d'un admirable dessin, une main petite et blanche. Son visage était ovale; les lignes n'en étaient pas très-correctes, mais elles étaient très-fines. Un incarnat bien doux couvrait ses joues. Ses yeux, dont nous avons déjà parlé, étaient pleins d'esprit et d'une vivacité que tempérait une grande douceur.

Quant à l'esprit, au caractère, à ce qu'on appelle *le dedans de la statue*, allez jusqu'à la fin de ce récit pour le bien connaître.

Dans le monde un peu mêlé que fréquentait la charmante enfant, oisifs, financiers, dignitaires, fils de famille, on se demandait avec une certaine curiosité maligne pourquoi Mary était toujours une jeune fille.

— Comment! se disait-on, elle est ravissante, elle passe pour riche, elle a vingt-trois ans bien sonnés, et elle ne se marie pas!

Quelques méchantes langues ajoutaient :

— Est-ce qu'il y a un mystère là-dessous?

Parmi les jeunes gens du cercle de Madame de Villeblanche, il y en avait d'assez courageux pour ne pas laisser cette question offensante sans réponse.

— Il en est de Mary de Lucenay, disaient-ils, comme de la jeune Grecque dont il est question dans le *Jeune Malade* d'André Chénier :

. . . . . Elle est fière, inflexible;
Comme les immortels, elle est belle et terrible.

— En d'autres termes, ajoutait un des interlocuteurs, elle a refusé les meilleurs partis.

Ces rumeurs ne pouvaient manquer de parvenir jusqu'à l'oreille d'Emerand de Saint-Estève. Quand il s'agit de cette question délicate du mariage, le courage le plus héroïque fléchit. Lorsqu'il est question d'une jeune femme qui réunit tous les avantages et qui, par dessus le marché, se montre fière, la résolution la plus nette tremble comme une feuille de saule sous le souffle du vent d'automne.

Sur la fin de la soirée, à un moment où il était décidé que la danse s'arrêterait pour n'être reprise qu'après la collation, le jeune diplomate se retrouva seul, près de l'embrâsure d'une fenêtre, avec la maîtresse de la maison. Comme madame de Villeblanche lui demandait s'il avait su mettre le temps à profit pour examiner un peu à loisir la femme qu'elle lui destinait, le Talleyrand en herbe fit part à sa protectrice d'abord de ce qu'il avait appris, et, en second lieu, des craintes que la fierté de Mary faisait naître dans son esprit.

— Est-il possible que vous me teniez un pareil langage? lui répondit la comtesse en étouffant un éclat de rire ironique. Quoi! monsieur le baron, vous êtes dans la diplomatie à peu près depuis que vous êtes descendu des bras de votre nourrice, et les mutineries d'une petite folle vous paraissent être un obstacle à vos projets! Si vous voulez devenir un maître dans l'art de Metternich, je vous conseille de vous exercer à avoir plus d'aplomb.

— Mais, madame la comtesse, reprit Emerand, il paraît certain que mademoiselle de Lucenay a déjà refusé un assez grand nombre de partis, et des meilleurs.

— Quand cela serait, cher baron, qu'est-ce que cela prouverait? C'est souvent dans les hautes régions sociales qu'il y a des faits peu aimables. Ne voulez-vous donc pas qu'une jeune femme ait le droit d'avoir comme une paysanne ses prédilections et ses antipathies dans une chose de cette importance? Les bons partis dont on vous a parlé auront pris la chose sur un ton élevé; ce n'était évidemment pas ainsi qu'il fallait procéder avec mademoiselle de Lucenay. On peut encore objecter qu'ils n'auront pas su plaire. Vous, monsieur, si vous obéissez à la stratégie que je vous indiquerai, vous n'aurez pas cette déconvenue à redouter.

— Cependant qui vous assure, madame, que Mary n'a pas d'engagement secret, quelque chose comme un amour ignoré?

— Peu importe, monsieur le diplomate.

— Vous savez pourtant, madame la comtesse, que l'amour parle toujours victorieusement au cœur des jeunes filles.

— Tout doit fléchir aussitôt qu'une femme telle que moi se donne la peine d'entrer en campagne.

Ici Emerand de Saint-Estève crut qu'il était de son

devoir de s'incliner respectueusement devant sa protectrice.

Madame de Villeblanche reprit :

— J'ai promis de vous faire épouser mademoiselle de Lucenay; je tiendrai parole. Ne vous inquiétez en rien des empêchements que le sort, la malignité des rivaux ou la tiédeur de Mary pourraient placer sur notre chemin. Je romprai ces difficultés en me jouant, à la manière d'un enfant qui casse une chènevotte sans efforts. Tenez, petit Ulysse d'ambassade, savez-vous ce qui se passe en ce moment dans ce salon? Telle que vous me voyez, souriante, les fleurs dans les cheveux, l'éventail à la main, j'y ai mis, ce soir, sept mariages à la fois sur le tapis; ils se feront tous les sept. Je tiens justement à commencer la litanie par le vôtre, qui est d'ailleurs le premier en date. Tandis que vous rôdiez en observateur déjà épris, autour de votre charmante future, j'allais constamment d'une fiancée à un promis, d'un oncle à une maman, mettant le feu des tendresses légales à dix têtes d'un seul coup, et parlant à tous les intéressés un langage différent. Il faut presque du génie pour venir promptement à bout d'une pareille tâche. Eh bien! tout cela marche bon train, comme sur des roulettes. N'oubliez pas que tout en poussant les mille ressorts invisibles de ces diverses combinaisons, je n'avais pas à perdre de vue que je suis en ce moment maîtresse de salon. Combien d'ordres à donner! Que de sots compliments insipides à recevoir en souriant et à rendre sur un ton grave! Mais je ne me plains pas de ces labeurs de la vie parisienne; il n'y a plus pour moi de passe-temps plus agréables. A une époque, Mithridate trouvait du charme à prendre du poison; eh bien! quant à moi je m'amuse singulièrement à faire des mariages.

En ce moment, on appelait Madame de Villeblanche pour un bout de concert par lequel on devait remplacer la fin de la soirée dansante. La comtesse s'éloigna, mais pour revenir bien vite sur ses pas, comme pour une *fausse sortie*, ainsi que cela se dit au théâtre.

Saint-Estève venait de lui faire signe qu'il avait encore une explication à lui demander.

— Parlez, cher baron, je suis à vos ordres.

Emerand lui montra alors d'une manière aussi discrète que possible un homme mûr, déjà grisonnant, mis d'ailleurs d'une façon irréprochable, et qui causait assez intimement avec Mary.

— Vous voulez savoir quel est ce personnage auquel la charmante petite personne prête une oreille attentive? Allons, vous voilà déjà jaloux!

— Pas tout à fait.

— Non, mais la chose est en train de venir. Toutefois, rassurez-vous ; l'homme qui cause avec Mademoiselle de Lucenay n'est ni un prétendant, ni un père de prétendant, ni rien qui puisse vous *porter ombrage*, ainsi qu'on le disait dans le langage d'autrefois.

Puis, se reprenant avec une finesse marquée :

— C'est M. Jacques Duroséré, un riche banquier, le tuteur et presque le père adoptif de Mademoiselle de Lucenay.

Et, en se retirant tout à fait :

— Maintenant, soyez en paix : je m'en vais régler le concert et soigner six autres mariages.

III

Madame de Villeblanche ne se flattait pas. Il y avait assurément en elle une assez grande puissance d'intrigue pour qu'il lui fut possible de mener de front cinq ou six aventures matrimoniales. Cependant pour se conformer à la promesse qu'elle avait faite à l'attaché d'ambassade, l'œuvre de son union avec Mary de Lucenay était le roman en action qui occupait le plus la subtile comtesse.

Huit jours environ après la soirée dansante dont nous venons de parler, mille et un petits fils de ruse tissus et noués entre eux avec une adresse infinie, formaient autour de la jeune personne à marier une de ces toiles d'araignée qui sont le chef-d'œuvre du genre. Sous prétexte d'un quadrille auquel il avait pris part avec Mademoiselle de Lucenay, le jeune diplomate avait été présenté tant à la jolie danseuse qu'à M. Duroséré, son tuteur. En fin renard qui s'entendait à ne pas perdre les leçons qu'on lui donnait, Emerand n'avait pas tardé à se glisser dans la maison. Une première fois, il s'y montrait en visiteur cérémonieux, affectant, bien entendu, l'allure d'un garçon désintéressé. Dans la suite il s'y produisit tour à tour en conseiller et bientôt en intime, apportant un jour une aquarelle à faire voir, le surlendemain un morceau de musique à la mode, et, à la fin, se faisant accompagner d'un adorable bouquet de branches de jasmin, de violettes blanches et de roses pâles, c'est-à-dire d'un assemblage de fleurs virginales dont les yeux ne pouvaient être offusqués.

— Nous voilà dans la place, disait Madame de Villeblanche à son protégé; si vous en sortez sans avoir le trésor qu'elle renferme, évidemment ce sera votre faute et non la mienne.

— J'en tombe d'accord avec vous, répondait l'attaché d'ambassade.

Au fond, Saint-Estève avait déjà quelques raisons de se croire fort avancé. Très-certainement, Mary ne le voyait pas d'un trop mauvais œil. La jeune fille permettait que, la comtesse de Villeblanche étant de la partie, comme un porte-respect aux yeux du monde, le futur ministre plénipotentiaire l'accompagnât au bois, dans les musées, au théâtre même. C'était une faveur qui n'avait encore été accordée à personne.

— Il est temps de battre le fer, puisqu'il est chaud, dit un soir Madame de Villeblanche à Saint-Estève. Demain, nous allons avec Mary au Musée du Louvre, où elle a besoin de copier une tête d'un des tableaux de Paul Véronèse. Au retour, si elle est bien disposée, comme tout le fait supposer, je commencerai l'attaque au point de vue du mariage, par quelques mots à double entente.

— Madame la comtesse, reprit le jeune homme, faites ce qu'il vous plaira ; vous savez que j'ai remis le soin de mon bonheur entre vos mains.

De son côté, M. Duroséré qui prenait au sérieux ses devoirs de tuteur, savait avoir l'œil sur tout ce qui se passait autour de sa pupille. Ne devinant pas précisément qu'il y avait concert entre la comtesse et l'attaché d'ambassade, il comprenait cependant que le cœur de Mary était assiégé de deux côtés à la fois.

— Voilà, pensait-il, bien des indices qui me démontrent qu'il faudra sous peu songer au mariage. Ce Saint-Estève est un jeune homme bien rompu au train du monde actuel; mais au bout du compte, il n'a rien de merveilleux. Dix autres qui le valaient haut la main ont été éconduits sur un mot de notre petite folle. Qu'y faire? En ces sortes de choses, le mieux est de se conformer à ce que désirent les femmes. L'attaché d'ambassade aura plu; n'est-ce pas le premier point? On se promène volontiers en sa compagnie, pourvu que Madame de Villeblanche soit là; c'est presque dire à ceux qu'on rencontre : « Tenez, voilà mon futur mari. » L'autre soir avant d'aller aux Italiens à la reprise de la *Cenerentola*, Mary a accepté un bouquet de sa main, un bouquet qu'elle a gardé toute la soirée, et même dont elle a respiré à plusieurs reprises les senteurs d'un air de contentement. En voilà plus qu'il n'en faut pour que je me tienne pour averti que mon rôle de tuteur est sur le point de finir.

M. Duroséré cédait à une vive émotion en arrivant à cette partie de son monologue.

— Après tout, reprit-il, comme il faut qu'elle se

marie, mieux vaudra que ce soit plus tôt que plus tard.

Et il s'en alla jeter le coup d'œil du maître sur le carnet de ses échéances.

Le soir, à dîner, au moment où il allait se lever de table, la gouvernante de la maison, Madame Delorme, ayant fait sauter la bande d'un journal qu'on venait d'apporter, y lisait à voix haute un *fait divers* à peu près ainsi conçu :

« On assure que le baron Emerand de Saint-
« Estève, attaché d'ambassade, va être chargé d'une
« mission extraordinaire en Perse. »

M. Duroséré interrogea d'un regard le visage de sa pupille pendant que la vieille dame de compagnie faisait la lecture de ces trois lignes, et il n'y distingua aucune altération ni aucun signe de l'émotion la plus légère.

— Pour le coup, je n'y comprends plus rien, se disait le banquier *in petto*. Que l'attaché d'ambassade aille à Ispahan ou qu'il demeure à Paris, la chose paraît lui être indifférente. Qu'est-ce que tout cela signifie ?

IV

Vers le milieu de cette même soirée, Madame de Villeblanche venait prendre le thé avec la petite famille.

Tout en jetant du sucre dans sa tasse en porcelaine de la Chine, elle rappelait à mademoiselle de Lucenay la promenade au musée du Louvre projetée pour le lendemain.

— Ainsi, disait-elle, voilà qui est bien convenu, je viendrai demain chercher cette chère enfant et nous irons ensemble au musée, où elle a à copier une tête de Paul Véronèse. Vous viendrez avec nous, monsieur Duroséré?

— Madame la comtesse, vous m'excuserez; des affaires pressées...

— Comment! toujours des affaires qui vous empêchent de vivre! Mais qu'avez-vous donc depuis quelque temps? Vous êtes sombre comme un mélodrame de l'école romantique.

— Chère madame, dit en ce moment la jolie Mary de Lucenay, je vous remercie très-sincèrement de le gronder. Monsieur Duroséré, mon tuteur, trouve maintenant que s'occuper de moi est une tâche trop âpre. Ne soyez pas étonnée de voir qu'il ne cherche plus à me faire plaisir.

— Vous avez grand tort, ma chère Mary, de me faire de pareils reproches. A qui donc chercherai-je à être agréable, si ce n'est à vous ? Mais, entre nous, madame de Villeblanche comprendra mieux que vous la nécessité où l'on est d'obéir à certains devoirs. A Paris, les affaires avant tout.

— Monsieur Duroséré, répliqua vivement la comtesse, puisque vous jugez à propos de m'interpeller, je vous répondrai que je ne veux rien entendre. Vous nous accompagnerez au Louvre demain ou je me brouillerai avec vous ; voilà mon dernier mot.

Ici la comtesse se leva, et après avoir salué mademoiselle de Lucenay, elle se mit à dire en minaudant :

— Adieu, ma chère Mary. Quoique vous ayez à étudier au musée, vous vous ferez belle ; votre admirateur, M. Emerand de Saint-Estève sera sans doute sur nos pas et il ne pourra s'empêcher de vous comparer aux plus belles madones des plus grands maîtres.

Madame de Villeblanche sortit.

La soirée était tiède. Des millions d'étoiles pareilles à des clous d'or, rayonnaient dans un ciel transparent. Par les persiennes, la brise apportait les parfums des marronniers et des acacias en fleurs du bois de Boulogne, tout voisin de la petite résidence.

Au bout de cinq minutes, le banquier prit la parole.

— Mary, dit-il, voilà une des plus délicieuse soirées du printemps. Vous savez que l'usage à Paris est maintenant de sortir en voiture découverte, quand le temps le permet. Je vais faire atteler. Prévenez la bonne madame Delorme, prenez votre pelisse et ne boudez plus. Nous irons au grand trot jusqu'au rond-point de la Muette.

— Allez-y sans moi, monsieur, répondit l'espiègle.

— Quoi! vous refuser de m'accompagner?

— Positivement.

— Puis-je savoir pourquoi, Mary?

— Tout simplement parce que j'ai aussi mes prétextes de refus; des affaires pressées, comme vous.

M. Duroséré s'approcha de sa pupille et lui prenant les mains:

— Mary, lui dit-il, voyez quel jeu d'enfant gâté vous jouez toujours avec moi! N'importe. Vous savez d'avance que je vous passe tout. Faites donc comme il vous plaira.

Et il se jeta sur un siége en faisant mine d'y lire un journal.

En le voyant se donner cette contenance ou se réfugier dans ce loisir, Mary courut à l'une des fenêtres. Là, ses jolis doigts blancs et effilés frappèrent en mesure contre les vitres; elle paraissait s'amuser à battre le tambour. Ce passe-temps, qui était donc une de ses affaires pressées, ne la captivant plus, elle alla bientôt à son piano, l'ouvrit et commença un air du *Trovatore*, de Verdi; mais l'air n'était pas encore terminé qu'elle s'ennuyait de ce nouvel exercice et recourait alors à son métier à tapisserie. Était-elle bien en humeur de travailler? A peine était-elle assise sur son tabouret que l'aiguille et les ciseaux lui tombèrent des mains. Sa jolie tête s'appuya sur son bras droit; Mary était tombée dans une profonde rêverie.

Rien n'annonçait plus la vie dans ce riche salon. D'un côté, le banquier assis sur un sofa, lisant ou eignant de lire en silence un journal du soir; de l'autre, la jeune folle posée comme une statue de marbre devant un métier qu'elle avait délaissé pour s'abandonner à ses rêves.

Néanmoins chacun des deux acteurs de cette scène muette levait de temps de temps la tête pour lancer un regard furtif sur l'autre.

— Elle pense à M. Émerand de Saint-Estève, se disait M. Duroséré sans se déranger de sa lecture.

— Il songe à la pleine liberté qu'il aura dès que je serai mariée, se disait Mary sans même détourner la tête.

En ce moment la porte du salon s'ouvrit, et un domestique entra une lettre à la main.

— Pour monsieur Duroséré, dit-il.

Aussitôt que le banquier se retrouva seul avec sa pupille, il fit sauter l'enveloppe qui enserrait la missive.

— Chère Mary, dit-il, un de mes bons camarades, Beautreillis, l'agent de change, me charge de vous inviter à une fête qu'il donnera dans cinq jours. Faut-il répondre que vous acceptez ?

La boudeuse, toujours emportée par le charme de sa rêverie, n'avait pas entendu, ou bien si elle avait entendu, elle avait dédaigné de répondre. Seulement ses beaux yeux noirs s'arrêtaient presque fixément sur le banquier.

M. Duroséré n'était sans doute pas de la première jeunesse, mais ce n'était pas non plus un vieil homme. Il avait trente-neuf ans.

Asservi aux pratiques de sa difficile profession, il s'était adonné pendant les dix premières années de sa vie active, c'est-à-dire de vingt à trente ans, à un travail des plus pénibles, organisant une maison importante, ordonnant tout, voyant tout par ses yeux, arrivant ainsi à la fortune, mais y arrivant un peu surmené et vaincu par la fatigue. Mais en homme intelligent des choses et des mœurs de notre dix-neuvième siècle, il avait su s'arrêter à temps dans cette vie de lutte et de sacrifice. A trente ans donc, du jour où il s'était vu riche, il avait employé avec une sage économie tous les moyens de rajeunissement que la civilisation moderne met à la disposition des heureux du temps. En 1861, le puits de Jouvence n'était déjà plus une fable, mais la plus simple et la plus commune des réalités. Toutes les ressources du comfort, toutes les facilités du calme, la magie des arts, l'agrément des voyages, l'éloignement de tout souci, les bains hygiéniques, la possibilité où l'on est de n'avoir autour de soi que des visages souriants, tout cela lui avait constitué comme le bénéfice d'une seconde jeunesse.

M. Duroséré était grand, bien découplé, d'une allure assez élégante pour un homme de finance. Un air grave, dont il n'avait pu se défaire, ennoblissait ses traits. Cependant le banquier n'aimait que médiocrement le monde. S'il se mêlait au train de la vie sociale actuelle, c'était uniquement pour ne pas séquestrer dans son hôtel mademoiselle Mary de Lucenay, sa pupille.

Comme la rêveuse n'avait pas répondu à ce qu'il

venait de lui dire, il recommença sa question :

— Mary, faudra-t-il répondre à Beautreillis que vous irez à ce bal ?

— Oui, monsieur, mais je n'irai qu'à une condition.

— Laquelle ?

— C'est que vous m'y accompagnerez et que vous y danserez.

— Soit, j'irai et j'y danserai, répondit le banquier.

V

On ne manquera pas de se dire en arrivant au point de notre récit :

— Quel est donc cet étrange tuteur qui va au bal avec une pupille de vingt-trois ans et qui prend l'engagement d'y danser ? Duroséré avait trente-neuf ans, c'est fort bien ; mais comment était-il donc chargé des soins sévères d'une tutelle à un âge encore si peu avancé ?

Mary avait cinq ans, lorsque, orpheline, elle avait été mise au couvent des Oiseaux par M. Duroséré, ami d'enfance, disait-on, de son père. Depuis ce moment, elle s'était habituée à voir son jeune tuteur aller au devant de tous ses désirs. N'ayant au monde d'autre famille que lui, touchée d'ailleurs des soins dont il ne cessait de l'entourer, elle lui avait voué une affection profonde, mais en se comportant toujours en enfant gâtée. Lorsqu'elle eût seize ans, un jour que Duroséré était venu la voir, elle l'accueillit avec un ton plein de câlinerie et de malice, et lui dit de sa voix la plus douce :

— Mon ami, je m'ennuie dans cette maison.

— Mary, patientez encore quelques années.

— Quelques années! Est-ce que vous avez l'intention de me laisser toujours au couvent?

— Non, chère Mary; j'attendais que vous fussiez en état de faire un mariage.

— Un mariage! Encore un mot qui me déplaît, mon ami. Quoique ce soit la mode de se marier au sortir du couvent, je ne veux pas faire comme toutes les autres.

— Mais chère Mary, il vous faut un état dans le monde.

— J'y ai pensé, mon ami. Tenez, madame Delorme, votre femme de charge, me disait l'autre jour qu'elle ne voyait pas d'inconvénient à ce que j'allasse habiter votre maison.

— Ma chère Mary, vous n'êtes toujours qu'un enfant.

— Il n'est pas trop tôt pour apprendre le grand

art du ménage, la science qui consiste à commander, à se faire obéir, à économiser, sans lésinerie, à faire figure, sans prodigalité, à savoir, en un mot, en quoi consiste la vie pratique usuelle. Ne croyez-vous pas que ce soit là le couronnement de l'instruction qu'on reçoit au couvent des Oiseaux?

Duroséré sourit et promit d'y penser.

A quelque temps de là, le banquier consulta sa femme de charge. Madame Delorme aimait beaucoup l'orpheline; elle voyait son maître s'avancer vers l'âge où les frivolités de la vie parisienne font place aux loisirs que conseille l'expérience.

— Monsieur, lui dit-elle, vous aurez tantôt le double de l'âge de votre pupille; faites-la venir, puisqu'elle désire vivre désormais dans le monde. Mary est votre fille d'adoption; ce sera une famille pour vous.

Ce qui venait d'être dit fut fait.

Une fois que Mary de Lucenay fut installée à l'hôtel, le banquier la présenta à quelques amis, chez des financiers de la Chaussée-d'Antin et même dans quelques maisons aristocratiques du Faubourg Saint-Honoré. Personne ne savait quelle était l'origine de la jeune fille. On était néanmoins fixé sur un point, à savoir qu'elle avait une belle dot.

— Il est même à peu près certain que Duroséré

lui laissera un jour toute sa fortune, disaient à demi-voix ceux qui se prétendent bien informés.

Sur ces assurances, plusieurs partis s'étaient présentés, mais tous avaient été éconduits, ainsi que le fait a déjà été noté un peu plus haut.

Cinq années venaient de s'écouler. D'une gracieuse enfant qu'elle était, Mary devenait une jolie personne, l'esprit et la distinction même. Traitée par le banquier en enfant capricieuse, l'ex-pensionnaire avait, à son propre insu, pris dans la maison un ascendant souverain.

Après la scène dont la promenade du Louvre avait été le prétexte, Mary, boudeuse, comme l'est toute jeune femme contrariée, était allée, ainsi que nous l'avons raconté, des vitres de la fenêtre à son piano, et de son piano à son métier à broder.

Quant à Duroséré, après avoir lu et fait semblant de lire son journal depuis le frontispice jusqu'au nom de l'imprimeur, il jeta de nouveau les yeux sur elle. Or, la trouvant dans la même attitude, il se leva, vint doucement derrière elle, mit une main sur son épaule et dit d'un air de tristesse :

— Ma chère Mary est-elle encore fâchée ?

— Pourquoi fâchée ? Eh ! mon Dieu, non.

Duroséré comprit que cette réponse signifiait

absolument le contraire de ce qu'elle avait la prétention de dire.

— En ce cas, reprit-il, pourquoi Mary boude-t-elle ?

— Comment! monsieur, je boude parce que je ne puis, ce soir, jouer proprement un air, ni faire tomber une fleur de mon aiguille! Je vous proteste que vous vous trompez.

Voyant qu'elle ne pouvait s'empêcher de pâlir en prononçant ces dernières paroles, le banquier, fidèle à son rôle de père, prit les mains de l'espiègle dans les siennes.

— Allons, ma chère Mary, ajouta-t-il, vous êtes trop charmante enfant pour vous mettre à dissimuler, surtout avec moi. Mentir doucement sur une affaire sans conséquence, ce n'en est pas moins mentir. Parlez-moi franchement. Vous vous êtes choquée du refus que j'ai fait d'aller au musée du Louvre avec madame de Villebranche et vous ?

Mademoiselle de Lucenay baissa vivement les yeux.

— Mon Dieu, monsieur, répliqua-t-elle, il ne vous plaît pas de nous accompagner. Eh bien! nous irons au musée sans vous... ou bien peut-être n'irai-je pas. Cela dépendra de la disposition d'esprit dans laquelle je serai demain.

— Vous auriez tort de vous priver de ce plaisir, ajouta Duroséré avec douceur; d'abord, vous avez besoin de copier une tête, et ensuite, si vous manquiez à cette promenade projetée, on pourrait supposer à tort que j'y suis pour quelque chose.

— On croira que c'est un caprice, rien de plus. Ne puis-je donc pas changer de projets comme tout le monde ?

— Oh! quant à des caprices, ma chère Mary, vous ne le cédez à personne sur ce chapitre.

— Du moins, monsieur, les miens ne blessent personne.

— Ils sont tout ce que peuvent être les idées folles d'une enfant.

Duroséré s'était calmé, et il croyait que cet incident ne devait pas avoir de suites. Aussi, après avoir prononcé encore quatre ou cinq paroles sur le ton le plus paternel possible, il salua sa jolie pupille et se retira dans son cabinet afin d'écrire quelques lettres.

— Maintenant que la paix est faite, Mary, vous voyez bien que vous êtes la plus libre et la mieux obéie des petites filles.

— Une petite fille! une enfant! voilà de quelle façon il parle toujours de moi! s'écriait mademoiselle de Lucenay en arrachant la fleur qu'elle avait commencé.

VI

Le lendemain madame de Villebranche vint chercher Mary pour cette promenade au Louvre dont il avait été déjà si souvent question. — Emerand de Saint-Estève se rencontra dans les galeries, ainsi que cela avait été prévu.

Il était cinq heures lorsque mademoiselle de Lucenay rentra à l'hôtel.

Duroséré et madame Delorme, la femme de charge, remarquèrent aisément qu'elle était préoccupée et rêveuse.

— Il est évident que sa tête travaille, se dit le banquier.

Comme la veille, il lui proposa d'aller faire un tour de bois ; elle refusa.

— On joue une comédie nouvelle au Théâtre-Français, voulez-vous y venir, Mary ? lui demanda-t-il ; songez qu'une première représentation est une chose fort enviée.

Elle répondit qu'elle était fatiguée des courses de la journée et qu'elle avait besoin de se retirer chez elle.

Une mauvaise nuit est bientôt passée, — dit un proverbe.

Mademoiselle de Lucenay était levée depuis une heure à peine que Duroséré envoyait madame Delorme lui demander dix minutes d'entretien.

Mary s'empressa de se présenter; mais, en se montrant dans le cabinet de son tuteur, elle conservait la contenance embarrassée et contrainte qu'on avait remarquée la veille. Cependant, elle s'assit en face du banquier, qui se tenait, comme d'habitude, à son bureau.

— Ma chère Mary, dit Duroséré en s'efforçant de prendre un ton grave, je vous ai fait appeler pour vous parler d'une affaire sérieuse : de votre avenir.

— Monsieur...

— Monsieur ? répéta le banquier d'une voix pleine de tristesse et de reproche.

— Pardon, pardon, mon bon ami ! Si je vous ai parlé ainsi, c'est que je suis émue, embarrassée. Au moment où vous m'avez fait appeler, j'allais venir de moi-même vous demander un entretien.

— Avez-vous donc quelque chose à me demander ?

— Sans doute, et une chose d'importance encore.

— Quoi donc ?

— Je sais que plusieurs partis vous demandent

ma main; rendez-moi le service de les refuser tous.

— Tous! objecta le banquier dont le front venait de se rembrunir, et pourquoi?

— Par une raison bien simple, parce que je ne veux pas me marier.

Il y eut un moment de silence.

— Écoutez, ma chère enfant, reprit Duroséré en adoucissant sa voix; le monde a des lois qu'on ne peut pas éluder impunément. De seize ans à vingt ans, vous étiez encore une petite fille; vous aviez de la marge devant vous; aujourd'hui, vous commencez à être une jeune femme. Dans la situation sociale où vous êtes, vous avez encore deux années pour vous marier à votre convenance. Il faut savoir profiter de la situation ou bien elle vous échappera.

— Je ne veux pas me marier, répéta mademoiselle de Lucenay.

— Permettez-moi de trouver cette résolution étrange. C'est la première fois que vous témoignez une pareille antipathie. Autrefois, lorsque je vous nommais les jeunes hommes auxquels j'avais refusé votre main, vous me répondiez en riant: « Eh bien! « vous avez bien fait de refuser. Ce n'est pas encore « celui-là que j'aime. Quand celui que j'attends se « présentera, je vous préviendrai de n'avoir pas à « l'éconduire. » Que s'est-il donc passé de nouveau dans votre conscience pour que vous me disiez maintenant : « Refusez-les tous ? »

— Mon ami, ne me le demandez pas.

— Tout au contraire, j'insiste. Votre père en mourant vous a confiée à moi. Il m'a fait jurer de le remplacer auprès de vous. Il m'a donné tous ses droits. C'est donc un devoir que je remplis en exigeant de vous une entière confiance.

Mary hésitait encore à s'expliquer ; Duroséré insista avec douceur, mais avec fermeté.

— C'est qu'il s'agit de vous, dit-elle en pâlissant.

— Raison de plus pour ne rien taire, répliqua le banquier.

Mademoiselle de Lucenay raconta alors que, la veille, une conversation à voix basse, tenue dans le salon de madame de Villeblanche, avait naturellement attiré son attention. Quelqu'un y racontait que le banquier était devenu tout à coup préoccupé, sombre, taciturne. Une autre voix intervenant dit : « — C'est que Duroséré a joué à la Bourse et qu'il y « a perdu un demi-million. » — « Un demi-million ! objecta une autre voix, c'est juste la dot de « sa pupille. Voilà ce qui explique suffisamment « pourquoi il a changé de visage. » On s'est arrêté à cette révélation.

En rapportant ces faits, Mary ne pouvait se défendre d'être émue.

— Mon ami, ajouta-t-elle, il se peut que ce que j'ai entendu repose sur la vérité. Peu m'importe. Ce que vous avez fait est bien fait. Pour rien au monde, ne l'oubliez pas, je ne voudrais être la cause du moindre de vos chagrins. C'est donc aussi pour cela que je vous conjure de repousser les propositions de mariage qui se présenteraient pour moi.

C'était au tour de Duroséré d'être ému.

— Ma chère enfant, s'écria-t-il, je m'empresse de vous rassurer. Dans tout ce qu'on a pu dire, il n'y a de vrai qu'un soudain accès de mélancolie, dont je ne sais pas me défendre. Quant à ce qui est de votre fortune et de la mienne, elles sont intactes l'une et l'autre. J'ai joué à la Bourse, comme tout le monde, mais sans perdre un centime. Cependant, je vous remercie du généreux sentiment qui vous portait à me supprimer des embarras. Il n'y a pas lieu, puisque votre dot est prête : 500,000 francs, un joli denier, comme vous voyez. Je suis en mesure de la verser, en espèces, dès demain, s'il le faut.

Le ton froid du banquier au moment où il parlait de ces chiffres avait glacé la pauvre Mary. En ce moment, elle avait un peu reculé sa chaise, et se trouvant près d'une table couverte de papiers épars ;

elle en prit un et se mit à le rouler en forme d'oublie pour se donner une contenance. Au fond, elle était presque honteuse d'avoir éprouvé tant d'émotion en présence d'un tuteur qui en manifestait si peu.

Il ne voit là-dedans que la question d'argent! pensait-elle.

Duroséré reprit la parole.

— Mary, dit-il, encore une fois, rien ne m'est facile comme de donner un démenti à ces rumeurs. Tenez, M. Emerand de Saint-Estève m'a fait l'honneur de me demander votre main. Je vais lui écrire à l'instant deux choses, d'abord que votre dot est toujours de 500,000 francs; ensuite, qu'il veuille bien venir, ce soir, en compagnie de madame de Villeblanche, afin de recevoir une réponse de votre bouche même. Est-ce ainsi qu'il faut agir?

Mademoiselle de Lucenay ne répondait pas.

— Mon enfant, poursuivit le banquier, point de détours. Saint-Estève est un charmant garçon, un diplomate d'avenir, à ce qu'on dit. De plus, il a l'air de vous convenir. Ainsi ne temporisons pas.

— Faites comme vous l'entendrez, monsieur, répliqua la jeune fille en pâlissant.

— Ma chère Mary, si Saint-Estève ne vous convenait pas, nous en trouverions un autre. L'essentiel est d'en finir.

— Vous avez raison, s'écria Mary en se levant.

Et comme elle sentait de grosses larmes qui venaient au bord de ses paupières, elle repoussa la chaise et sortit.

Aussitôt qu'elle fut rentrée dans sa chambre, elle éclata en sanglots.

— Je vois bien, s'écria-t-elle, que je suis maintenant à charge à mon second père. Il n'a plus qu'une pensée, celle de se débarrasser de moi. Il veut me marier pour me renvoyer de chez lui!

VII.

En ce moment, madame Delorme entra.

Des pleurs mal essuyés mouillaient encore les yeux de mademoiselle de Lucenay.

— Que se passe-t-il, Mary? s'écria la femme de charge. Comment! vous pleurez! Qu'y a-t-il donc de sinistre aujourd'hui dans cette maison?

La belle enfant, encore tout alarmée, lui raconta ce qui venait de se passer entre elle et M. Duroséré.

— Il ne me chasse pas sans doute, suivant le sens qu'on donne à ce mot, ajouta-t-elle; au fond, c'est la même chose, puisqu'il veut me marier à tout prix.

— Ma chère demoiselle, je ne comprends rien à

ce que vous dites. Tout ce que je puis affirmer, c'est que personne au monde ne vous aime plus que votre tuteur.

— Il m'aime si bien qu'il ne veut plus me voir.

Là-dessus, Mary, toujours en larmes, était devenue pâle comme une morte.

— Où est donc votre flacon de sels d'Angleterre? lui demanda madame Delorme.

— Je l'ai laissé tout à l'heure dans le cabinet de M. Duroséré, en jouant avec des papiers épars sur son bureau.

— Eh bien! attendez. Je vais en aller quérir un autre dans une pièce voisine.

Et, comme elle ne revenait pas, Mary, qui reprenait un peu de son sang-froid, retrouva assez de courage pour retourner elle-même au cabinet du banquier. Un valet venait de lui apprendre d'ailleurs que Duroséré avait demandé ses chevaux et était sorti.

Mademoiselle de Lucenay se mit donc à remuer le bureau pour y retrouver son flacon. Peine perdue.

— Cherchons encore, dit-elle.

En y mettant plus d'attention, elle n'arrivait toujours qu'à des efforts inutiles. Seulement, tout en remuant une tablette encombrée de papiers, ses regards s'arrêtèrent machinalement sur une longue lettre qui avait presque la tournure d'un manuscrit. Son nom et celui de M. de Lucenay, son père, frappèrent ses yeux. Dès ce moment, une vive curiosité s'empara de son esprit. Cet irrésistible mouvement fut plus fort que sa raison. Elle avait reconnu l'écriture, elle voyait que c'était une lettre confidentielle de Duroséré à un de ses amis. Entrer de vive force dans les secrets d'un autre était assurément une mauvaise action, Mary ne se le dissimulait pas. Mais qui cèdera à l'aiguillon de la curiosité, si ce n'est une fille d'Ève? D'ailleurs, pourquoi son nom et celui de son père figuraient-ils en première ligne dans cet écrit? Mary, plaidant avec sa conscience les circonstances atténuantes, se disait encore qu'elle avait été jusqu'à ce jour une enfant gâtée pour le banquier, et qu'elle pouvait bien conserver ce privilége pendant quelques heures, les dernières de son séjour dans l'hôtel.

Bref, elle s'assit sur un fauteuil, et toute tremblante, elle se mit à lire ce qui suit :

« *A Lucien de Chandieu, auditeur au conseil d'Etat.*

« Cher ami, puisque tu me demandes pourquoi je suis devenu si profondément triste, je vais te l'apprendre. Je n'ai à te faire qu'une recommandation, c'est que ce secret ne soit que pour toi seul.

« Comme les souvenirs d'enfance ne s'effacent pas facilement, tu dois te rappeler un de nos camarades, Régis de Lucenay. A Versailles, où nous sommes venus au monde, nos deux familles étaient liées intimement. Nous fîmes nos études avec toi dans le collége de la ville. Quoique Régis eût deux ans de plus que nous, tu sais combien nous l'aimions.

« En commançant à lire l'histoire et à traduire Virgile, nous faisions mille projets, tous plus extravagants les uns que les autres. N'est-ce pas l'usage? Régis, qui s'était procuré les *Aventures de Robinson Crusoé*, ne parlait que de lointains voyages, d'îles inconnues à découvrir et de villes à fonder. Il se taillait nécessairement un grand rôle dans le drame futur de la vie. Hélas! c'est encore l'usage. Presque toujours aussi, la malignité du sort s'empare des héros en herbe pour les condamner au supplice d'une existence bourgeoise ou dépourvue de grandeur.

« A dix-sept ans, j'avais fini mes classes. Je perdis mon père. Maître d'une belle fortune, je fis le tour de l'Europe, autant pour me consoler que pour donner à mes études un complément obligé. Peu de temps après mon départ, M. de Lucenay, ruiné par de folles spéculations, se faisait sauter la cervelle d'un coup de pistolet et laissait le pauvre Régis sans fortune et sans état dans le monde.

« Quand je revins à Paris, je retrouvai notre camarade triste, déchu de ses rêves, presque muet; mais animé de ce sentiment de fierté qui est le relief de ces sortes de natures. Il avait l'œil dédaigneux et paraissait s'étudier à fuir ses amis. En le voyant, je me rappelais ces belles pages que Vauvenargues a écrites sur ces vaincus qu'on rencontre dans les promenades publiques, où ils cherchent les sentiers solitaires et l'ombre. Cependant, un jour que le hasard m'avait jeté sur son chemin au Jardin-des-Plantes, j'allai à lui, je lui serrai les mains, et, sans préambule, je le priai de considérer ma bourse comme étant la sienne.

« — Monsieur, me répondit-il du ton d'un homme blessé, sachez que je ne demande l'aumône à personne.

« Tu penses bien, cher ami, que ces paroles me déchirèrent le cœur. Je voulus protester, mais Régis était déjà loin. Quelque temps après, j'appris, — ce qu'il m'avait caché, — qu'il était marié avec une Irlandaise noble, fort belle, mais aussi pauvre que lui.

« Il disparut presqu'en même temps.

« Au bout de six mois, à l'Opéra, au foyer, pendant un entr'acte de *Robert le Diable*, Jules D..., un autre de nos condisciples, me mit au fait de la vie de Régis. Le pauvre garçon avait cru devoir aller faire fortune en Amérique ; il était parti pour la Nouvelle-Orléans, mais, à peine arrivé à Monroë, la main du malheur s'était de nouveau appesantie sur lui. Sa jeune femme, saisie par les fièvres du pays, était morte presque subitement. Régis avait dû revenir en Europe avec une petite fille qui marchait à peine, et il était plus pauvre et plus isolé que jamais.

« — Il me recevra mal s'il le veut, j'irai tout de même au devant de lui, m'écriai-je.

« Régis habitait un petit logement sur les lisières du Pays-Latin. Quand je me présentai à son domicile, une sorte de femme de ménage me dit :

« — Ah ! monsieur, je vous prenais pour le médecin ; nous l'attendons avec impatience.

« — Comment ! dis-je M. de Lucenay est donc malade.

« La vieille grommela :

« — Malade ! je le crois bien ! Il est douteux qu'il passe la journée.

« Rien n'était plus vrai. Je trouvai notre camarade étendu sur une mauvaise couchette de bois, enveloppé d'une couverture de laine, l'œil brillant comme un tison, mais brillant d'une lueur qui va s'éteindre. Aussitôt qu'il m'apperçut, il tira de dessous ses draps une main brûlante et décharnée.

« — Cette fois, me dit-il, je n'aurai pas assez d'orgueil pour te repousser. Je vais mourir. Il m'est très-doux de revoir un de ceux qui m'ont aimé dans la vie. Et puis, j'ai un grand service à te demander.

« — Quel service, cher Régis ?

« — Je n'ai qu'une chose au monde, je ne possède qu'un trésor : ma fille ; je vais te léguer mon enfant, ma petite Mary ; c'est la seule preuve d'amitié que je puisse te laisser.

« En parlant ainsi, il faisait signe de la main à la femme de ménage d'aller chercher « sa petite Mary » qui dormait dans une chambre voisine. L'émotion m'avait gagné, Lucien. Ne pouvant ni parler, ni pleurer, je serrais entre mes mains les mains défaillantes de mon ami, afin de lui donner à comprendre que ses dernières volontés seraient religieusement respectées et observées par moi. Au même moment, la vieille servante reparaissait, tenant entre ses bras une petite fille rose et blanche, à peine éveillée, qui demandait à poser ses lèvres sur le front du malade. Quel spectacle, cher ami ! Régis se souleva, et s'adressant à cette naïve créature, qui ne pouvait le comprendre : « Mary, lui dit-il, en me montrant, tiens, mon enfant, dès à présent voilà ton père ; et se tournant ensuite de mon côté : « Duroséré, ajouta-t-il, voilà ta fille. » Brisé par tant d'efforts, il retomba ensuite sur son oreiller, hâve, haletant, près à exhaler le dernier soupir.

« Quant à moi, j'embrassai la petite fille, en murmurant ces paroles :

— « Mary, je ne t'abandonnerai pas ! »

« Que te dirai-je, cher Lucien ? Notre ami est mort, et j'ai emporté l'enfant chez moi, en me dérobant à tous les yeux, comme un avare qui emporte un trésor. Dès ce moment, si jeune et si tête folle que j'ai été, ce devoir de veiller aux destinées d'une fille a mûri mon esprit comme s'il eût été en serre-chaude. Une fille de cinq ans, si douce, si frêle, si blanche, à faire grandir, à polir, à conserver pure, à parer, à aimer ! Plus le temps marchait, plus j'étais heureux de mon œuvre. On m'a proposé cent fois de me marier, j'ai toujours refusé, prétextant avec raison du devoir impérieux qui m'enchaînait à l'avenir de ma petite Mary. L'enfant a été envoyée dans la meilleure maison d'éducation de Paris à l'usage des jeunes filles.

« Ce n'était pas tout ; à mesure qu'elle grandissait, je me disais : — Tu ne dois pas faire les choses à demi. A présent, il lui faut une dot. Si la misère amoindrit un homme, elle dégrade et flétrit une jeune femme. Que Mary, soit à l'abri de telles atteintes ! Une spéculation heureuse s'est présentée sur les salines d'Espagne ; j'y ai risqué 50,000 fr. qui sont devenus 500,000 par le cumul et par un heureux caprice de la fortune. Dès-lors je me suis écrié :

— « Ces 500,000 fr. sont la dot de mademoiselle de Lucenay. »

« Il paraît que ces paroles ont eu de l'écho dans le monde. On me demande la main de Mary de plusieurs côtés à la fois. Ah ! mon ami, c'est ici qu'il faut te faire voir la plaie de mon âme. En devenant une jeune femme, Mary est un ange. A force de la voir, je l'ai aimée. Je l'aime, je n'aime qu'elle ! Elle a vingt-trois ans et j'en ai trente neuf. Mary, je le vois bien, est à cent lieues de penser à moi. Il y a tant de beaux jeunes gens qui la courtisent ! Hier encore, elle est allée au musée du Louvre en compagnie du baron Emerand de Saint-Estève, un attaché d'ambassade, qui demande sa main et qui l'obtiendra.

« Quant à moi, mon parti est pris. Une fois Mary mariée, sa dot payée, mes adieux faits, je réalise ma fortune, et pour endormir ma tristesse, je me mets à courir le monde, pareil à la feuille jaunie qu'emporte le vent d'octobre.

« Ami, tu voulais connaître la cause de mes ennuis ; la voilà toute entière, etc., etc. »

En achevant cette lecture, mademoiselle de Lucenay ne pouvait maîtriser ses larmes.

— Ah ! s'écria Mary, le noble cœur ! Il m'aime ! il m'aime d'amour ! Voilà pourquoi il était devenu si sombre ! Et moi qui souffrais tant de ce que je considérais comme des bizarreries de son caractère ! A présent je sais pourquoi je lui fermais la bouche aussitôt qu'il venait m'apprendre qu'on avait demandé ma main. C'est que je l'aimais aussi. Oui, c'est cela. Quand il m'avait trouvée belle, j'étais si heureuse ! et lorsque, dans le monde, je le voyais détourner les yeux au moment où de frivoles causeurs me poursuivaient de leurs fades compliments, je sentais mon cœur battre avec plus de force. Je souffrais de le voir souffrir. Je l'aimais !

Ici elle porta à ses lèvres la lettre qui venait de lui révéler le mystère dont sa vie d'enfant avait été enveloppée.

VIII

Mary entendit tout-à-coup du bruit à la porte. C'était madame Delorme qui entrait.

— Cachons-lui toute cette aventure! pensa la jeune fille.

Pour la première fois de sa vie, mademoiselle de Lucenay se composait un visage et s'étudiait à dissimuler la vérité. Mais quoi! était-elle seule maîtresse du secret qu'elle venait de découvrir? Les lois de la plus vulgaire délicatesse ne voulaient-elles pas qu'elle gardât pour elle seule l'incident de la lettre et tout ce qui s'y rapportait?

— Mademoiselle Mary, s'écria la femme de charge, voilà un quart-d'heure que je vous cherche pour vous faire respirer des sels. Je vois que par bonheur, ce serait maintenant un soin inutile; vous voilà de nouveau calme et souriante. L'émotion dont vous m'avez parlé n'aura été qu'un nuage qui passe.

— Oui, grâce au ciel, ce n'aura été qu'une tristesse d'un instant, répondit l'orpheline.

Quelques minutes après, Mary, se retrouvant seule, convint avec elle-même de ce qu'elle avait à faire pour apaiser les alarmes de Duroséré.

— D'ici à une heure je le reverrai, pensait-elle. Mais comment faire? Si je lui dis que je connais sa noble conduite envers moi, tous les sacrifices qu'il a faits pour m'élever, il pourra supposer que l'intérêt entre pour quelque chose dans l'affection que j'ai pour lui. C'est ce que je ne veux pas. Il faut que j'agisse absolument comme si j'ignorais l'existence de la lettre.

Elle se reprit.

— Oui, c'est cela, disait-elle. Secret pour secret. Il n'avait jamais confié à personne ce que sa tendresse pour moi lui avait suggéré de faire. De mon côté, je n'ai jamais dit à qui que ce soit combien je l'aime. Il a usé de supercherie pour mon bonheur; je vais employer la même recette pour le rendre heureux.

Tout en pleurant et en riant de joie, Mary replaça la lettre révélatrice parmi les papiers où elle l'avait trouvée, puis elle courut se parer avec une ravissante coquetterie, et se rendit au salon.

Duroséré venait de rentrer.

Le banquier avait la tête encore toute remplie des idées qui faisaient son désespoir, une séparation prochaine, la demande en mariage faite par Saint-Estève, et, comme conséquence, son propre exil volontaire. Aussi, en voyant mademoiselle de Lucenay si belle, si rayonnante, il se détourna malgré lui avec un geste de douleur, qui n'échappa point à la jeune fille.

En même temps on annonçait que le dîner était servi.

Pendant le repas, Mary se montra d'une gaîté folle, et Duroséré, croyant toujours à une préférence pour l'attaché d'ambassade, devint de plus en plus sombre. Au dessert, il ne répondait plus que par des monosyllabes aux questions qu'on lui faisait.

Lorsqu'on rentra au salon, le banquier était si injuste dans son irritation, qu'il se mit à gronder madame Delorme parce qu'elle s'était trouvée sur son passage; il pesta contre un valet de chambre qui n'avait pas placé ses journaux du soir sur le guéridon habituel; il trouva le café détestable ; il répéta à deux fois que la vie lui devenait insupportable ; il finit par se jeter dans un coin, sur une causeuse, comme un homme que tout ennuie et que tout blesse.

— Mon Dieu ! comme il a l'air de souffrir ! pensa Mary. Il est temps que cela finisse.

Là-dessus, elle fit signe aux deux domestiques qui servaient de sortir, et, avec un mouvement de chatte qu'il est plus aisé de se figurer que de décrire, elle s'approcha de la causeuse.

Mademoiselle de Lucenay venait de trouver sur un meuble un petit couteau de nacre, — couteau à couper le papier, — et elle s'en servit, comme un enfant, pour jouer et pour se donner une contenance.

— Mon bon ami, disait-elle comme pour commencer le feu, j'ai de graves reproches à vous faire.

— Eh bien ! cela tombe à merveille, ma pupille. Et qu'avez-vous donc, je vous prie, à me reprocher ?

— Votre attitude et vos paroles.

— Ah ! je sais bien, mademoiselle, que je n'ai pas le bel air ni les charmants discours de nos petits messieurs frisés.

— Il ne s'agit pas de cela, mon bon ami. Mais savez-vous bien que vous n'êtes pas aimable ce soir, et que si nos belles dames, qui vantent tant votre galanterie, vous prenaient sur le fait, vous cesseriez de leur plaire ?

— Je ne tiens à plaire à personne, répondit sèchement Duroséré.

— Il est bien évident du moins que vous ne prenez pas ce soin-là pour moi, et c'est bien simple. Y a-t-il à se gêner pour une petite fille sans conséquence et dont on va se débarrasser au premier jour? mais écoutez ; j'avais cependant quelque chose de sérieux à vous dire avant l'arrivée de M. Emerand de Saint-Estève, à qui vous avez donné rendez-vous pour ce soir dans ce salon. Mais comment m'y prendre ? Votre air fâché...

— Mon Dieu, répliqua Duroséré avec effort, je ne suis pas fâché contre vous. Voyons, qu'avez-vous à me dire ?

— Ah ! c'est que je voulais vous prier de répondre pour moi au baron, parce que j'ai bien réfléchi : je ne l'aime pas, et je veux aimer mon mari ; c'est la première des conditions pour être heureuse.

En ce moment, un éclair de joie traversa la pâle figure du banquier, et il reprit d'une voix troublée :

— Mais vous m'avez fait la même observation pour tous les partis qui se sont présentés.

— C'est que tous ceux qui m'ont demandée n'ont pas eu l'esprit de se faire aimer. Est-ce ma faute, à moi ?

— Mais que manque-t-il donc à M. de Saint-Estève ?

— D'abord, il est trop jeune.

— Trop jeune ! il a vingt-huit ans.

— Eh bien ! il est trop jeune. Quant à moi, je me connais ; je suis étourdie, folle, capricieuse. Avec un tel caractère, il me faut un mari posé, déjà armé d'une certaine expérience, qui soit raisonnable pour nous deux.

— Mais, Mary, voulez-vous donc épouser un vieillard ?

— Pas tout à fait, mon bon ami.

Elle baissa un peu le ton et ajouta :

— Tenez, voilà le mari que je voudrais ; — trente-neuf ans environ.

Duroséré tressaillit.

Il semblait que le lourd ennui dont son front était oppressé fût tombé comme par enchantement.

Il se retourna vivement vers la jeune fille et son regard plein d'anxiété se fixa sur elle, tandis qu'il murmurait presque machinalement :

— Trente-neuf ans ! mon âge !

IX

Il y eut alors entre les deux personnages de cette scène un de ces jeux de physionomie que d'habiles artistes excellent à rendre avec vérité au théâtre, mais que la plume même la plus colorée du conteur serait impuissante à reproduire.

Tous deux étaient fort expressifs, surtout lorsqu'ils ne disaient rien.

— Oui, reprit mademoiselle de Lucenay, oui, mon bon ami, je désirerais qu'il eût votre âge. De plus, une taille élevée, noble : la vôtre, par exemple. Je souhaiterais des cheveux noirs (M. de Saint-Estève les a blonds). Enfin, je lui voudrais des yeux bleus, pleins de fermeté et de douceur ; tenez, comme sont les vôtres en ce moment.

— Mary, allons, ce que vous me dites là me fait courir comme un frisson de folie dans les veines. Laissons cela, je vous prie, et parlons d'autre chose.

— Et de quoi voulez-vous donc que je vous parle, puisque c'est vous qui m'interrogez là-dessus et que, du reste, c'est la chose qui m'intéresse le plus ?

Duroséré s'était levé comme pour dissimuler l'émotion sous le charme de laquelle il était placé.

— Est-ce qu'elle m'aimerait ? pensait-il.

— Est-il donc étrange, poursuivit Mary que je désire un mari qui vous ressemble ? Toute enfant, après mon père, que j'ai si peu connu, quel est celui que j'ai aimé, si ce n'est vous ? Qui m'a élevée? Qui m'a donné dans le monde un rang honorable ? Qui m'a épargné les amertumes et donné tous les plaisirs de la vie? Faudrait-il donc, après cela, que mon affection fût réservée pour un étranger; pour un inconnu, pour un homme qui n'a rien fait pour la mériter?

— Mon Dieu, Mary, vous ne savez pas tout le bien ou tout le mal que vos paroles peuvent me faire! Mais si j'avais mal compris ce que vous venez de dire, si vous vous rétractiez!

Mademoiselle de Lucenay lui tendit la main.

— Voilà ce qu'il ne faut pas craindre, lui dit-elle.

— Vous m'aimez donc, Mary?

— Comment ne l'avez-vous pas encore compris?

Il porta à ses lèvres la main que lui tendait l'orpheline.

— Mary, s'écriait-il, je suis fou, mais combien tout ce qui se passe me réjouit le cœur!

Et presque en riant:

— Figurez-vous que, dans ma tristesse, j'avais combiné une fuite, c'est-à-dire le plus insensé des romans. N'espérant rien de ce qui m'arrive, je voulais réaliser ma fortune, quitter la France et me condamner de moi-même à un long exil.

— Bon! se disait mademoiselle de Lucenay *in petto*, c'est son secret qu'il me révèle. Un jour ou l'autre, je lui dirai le mien. Jusques-là, taisons-nous.

Il y eut un moment de silence.

— Mon bon ami, reprit Mary avec une grâce charmante, il s'agit maintenant de songer à notre bonheur. Et d'abord, courons au plus pressé ; madame de Villeblanche va se présenter, d'ici à quelques instants, accompagnée de M. de Saint-Estève. Que comptez-vous leur répondre, quand ils vous demanderont la main de votre pupille ?

— Eh ! chère Mary, je leur répondrai tout uniment : « Vous me voyez désolé, mais je ne puis accorder mademoiselle de Lucenay au baron, pour « cent raisons sérieuses, dont la première est que « j'en fais ma femme.

— Bien dit.

X

Dix minutes environ après ce qui vient d'être raconté, un domestique venait annoncer la comtesse de Villeblanche et l'attaché d'ambassade.

A peine les visiteurs étaient-ils entrés qu'on servit le thé.

Aussitôt qu'on fût assis :

— Ah ça ! dit Duroséré en jouant le bonhomme, madame la comtesse, et vous, monsieur le baron, nous nous trouvons tous les quatre dans une situation des plus originales, et que je vous demande la permission de vous faire connaître.

— Parlez, cher monsieur.

— Monsieur de Sainte-Estève, ce matin, j'avais encouragé vos espérances, parce que je croyais assurer ainsi le bonheur de ma pupille.

— En bien ! n'est-ce plus de même ce soir ?

— Non, monsieur le baron. — Mais mettez donc un peu de rhum dans votre thé, je vous prie ; je sais que c'est votre habitude. — Ah ! c'est du vrai tafia de la Jamaïque. — Mais, voyons, où en étais-je donc ? Ah ! je disais que je vous encourageais, ce matin, et que, ce soir, c'est toute autre chose.

— Eh bien ! monsieur Duroséré, la raison de ce changement inattendu, où est-elle ?

— Dans un fait des plus simples. Un quart d'heure avant votre arrivée, mademoiselle de Lucenay et moi nous nous sommes expliqués, et il se trouve maintenant que je suis votre rival.

— Et mon rival préféré. Allons, ajouta l'attaché d'ambassade avec un léger soupir, je n'ai fait qu'un beau rêve.

Et pour montrer qu'il était diplomate et homme du monde avant tout, il dit encore, en s'adressant à Mary.

— Mademoiselle, on ne peut vous perdre sans regret; mais nul ne vous mérite plus que M. Duroséré. Votre bonheur me consolera de la perte de mes plus douces espérances.

Après une seconde tasse, on se souhaita le bonsoir pour se séparer.

— Mon cher baron, disait madame de Villeblanche à son protégé, il ne faut pas vous décourager pour cela. Tenez, je vais voir demain, à l'ambassade de Portugal, où il y a une jolie héritière du nom de Dolorès d'Alméïda. Ce sera justement votre affaire. Ne vous inquiétez de rien. Vous savez que mes mariages réussissent toujours.

UNE FÊTE SUR LE FEU

SCÈNES DE LA VIE PARISIENNE

I

Cette fois, la scène, comme on dit au théâtre, représente un élégant et frais appartement d'un des quartiers les plus à la mode. Tout le petit luxe en usage à Paris a été employé à parer ce nid d'une jeune femme.

Il est neuf heures du soir.

Tout le long des escaliers et jusque dans l'antichambre, éclairés de lumières douces, on a placé des myrtes, des orangers et des lauriers-roses de l'Eurotas plantés dans des caisses peintes en vert.

C'est évidemment la préface d'une fête. — Tous

ces arbustes sont là pour saluer les invités au passage d'un gracieux sourire.

A l'entrée se tiennent des domestiques en costume de ville, ni trop gai, ni trop sévère. Ils ont pour charge de recevoir des mains de ceux qui arrivent les manteaux, les châles, les pelisses et les chapeaux.

Le salon est un abrégé de l'Eden.

On y est charmé dès qu'on y a mis le pied. — Fleurs, aquarelles, bougies, sofas, bronzes, rien n'y manque de ce qui est de bon ton.

— Paris serait réellement le paradis des femmes, si Paris n'avait pas tant de cheminées qui fument.

— Ce que vous venez de dire là, madame, pourrait être signé par Jean-Jacques Rousseau en personne.

— Laissons le philosophe de Genève où il est, je vous prie, monsieur, et aidez-moi à faire disparaître ces nuages de vapeur noire qui s'échappent du foyer mal éteint pour envahir l'appartement.

Ici la jeune femme se saisit des pincettes à tête dorée afin d'enlever les tisons qui brûlaient encore sous la cendre. Tout en s'évertuant à éteindre ainsi la fumée et non le feu (car il n'y en avait plus, ou plutôt il paraissait ne plus en exister dans l'âtre), elle continuait à penser à ces ennuis sans nombre de la vie sociale, petites misères qui tuent les civilisés à coups d'épingle.

— Au fait, qu'est-ce que la fumée? reprenait-elle. Un lutin malfaisant ou moqueur comme le Trilby de la légende d'Écosse? Un mal presque invincible? Un ennemi insaisissable?

— Dites, Andrée, que c'est un peu de tout cela ensemble, répondit le jeune homme qui l'aidait.

— Albert, vous pourriez bien avoir raison. Mais voyez où aboutissent nos efforts. Pas moyen de chasser tout à fait cette maudite fumée. Tenez, mon ami, appelez Dominique!

Et quand le valet fut arrivé, tout effaré:

— Dominique, reprit la jeune femme, retirez ces derniers rondins calcinés et ouvrez les fenêtres! En s'y prenant de cette façon-là, il faudra bien qu'on se rende maître du mauvais génie. La fumée s'évaporera en l'air, Au reste, il fait assez chaud ici, n'est-pas, Albert?

— S'il fait assez chaud! Je le crois bien, chère Andrée. Nous sommes en décembre. Eh bien, dans deux heures, ce salon de la Chaussée-d'Antin aura la température des îles d'Hyères, température si propice aux femmes de Paris et aux fleurs.

Le dialogue s'arrêta un moment sur ce madrigal, Andrée fit une révérence comme pour remercier son interlocuteur du mot qu'il venait de prononcer puis, avec un de ces mouvements pleins d'élégance et de câlinerie dans lesquels la ligne serpentine donne tant de grâce aux Parisiennes, elle dit au jeune homme :

— Albert, à présent que tout est prêt pour la fête, je vais vous quitter pour vingt minutes. Il est bien juste que je donne un dernier coup d'œil à ma toilette.

Ce fut au tour du jeune homme à s'incliner.

— Ne resterez-vous que vingt minutes dans votre boudoir, Andrée ? ajouta-t-il.

Puis, en ayant l'air de se parler à lui-même, il ajouta en souriant :

— Les plus braves prennent plaisir à s'exercer dans la salle d'armes.

Andrée n'entendit pas ou fit semblant de ne pas entendre cette épigramme galante et elle se retira.

II

Il était neuf heures du soir.

Albert se dit :

— Les invités ne se présenteront sans doute pas avant une heure ou une heure et demie d'ici.

Il se laissa tomber sur un divan recouvert d'une étoffe cerise.

Tout à côté de lui se trouvait un guéridon en bois des îles sur lequel on avait placé de ces nouveautés, musique, littérature et dessins, qui servent de passe-temps aux esprits délicats.

Le jeune homme feuilleta un roman nouveau.

Dès les premières pages, le livre lui déplut.

— Depuis que Balzac est mort, se dit Albert, je ne rencontre plus une étude de mœurs qui soit à mon gré.

Et il rejeta le volume pour prendre un album.

Ces dessins, sortis d'un crayon célèbre, étaient sans aucun doute de nature à amuser sa pensée : mais il n'avait pas promené son regard sur les deux ou trois figures du commencement qu'il faisait du recueil ce qu'il avait fait du roman.

— Depuis que Gavarni s'occupe de chemins de fer, dit-il, aucun artiste n'a d'esprit au bout des doigts.

Quant aux romances qu'il tentait de déchiffrer, il les rejetait avec le même dédain.

— Ah ! pourquoi le pauvre Masini, oiseau chanteur découragé, se tait-il aujourd'hui ? On n'a plus à solfier que les strophes sans mélodie des citharèdes de carrefour.

Albert était distrait.

Comment ne l'aurait-il pas été ? La douce figure d'Andrée ne sortait pas de son esprit. Pour lui, amoureux et impatient, attendre la jeune femme était non un ennui, mais un supplice. De minute en minute, il tournait les yeux du côté de la portière par laquelle cette silhouette bien-aimée venait de disparaître.

— Qu'elle est donc charmante, ce soir ! disait-il.

Albert reprenait, après un petit temps de silence :

— Pourquoi Andrée est-elle retournée à son boudoir ? Jamais elle n'a été plus séduisante. Je sais qu'elle tient absolument à placer une branche de jonquille dans ses magnifiques cheveux noirs. Le jaune, dit-on, est le fard des brunes. Andrée le sait, puisqu'elle est femme et femme de goût ; mais en quoi aurait-elle besoin des artifices de la coquetterie pour plaire ? Sa jolie tête sans parure eût suffi. Mais non. Il faut tout à la fois et qu'elle s'éloigne de moi pour aller compléter sa toilette, et qu'elle soit, ce soir, la reine du bal, pour que tous les danseurs l'encensent.

Albert se leva et se mit à marcher de long en large.

— J'ai beau chercher à lui créer des torts, reprit-il. En réalité, elle n'en a qu'un ; c'est que je l'aime de toutes les forces de mon âme et que je l'aime sans partage. Par bonheur, elle veut bien ne pas repousser la demande que je lui ai faite. Andrée m'aime ; c'est même pour moi qu'elle donne la fête de cette nuit ; c'est pour dire à ce petit monde de la Chaussée-d'Antin dans lequel elle vit :

— Tenez, messieurs, tenez, mesdames, je vais cesser d'être veuve. Ce grand garçon que je vous présente est mon second et futur mari.

Et tout en achevant ce court monologue, le jeune homme se mit à jouer avec un kaléidoscope, absolument comme l'aurait fait un enfant.

— Andrée finira bien par revenir, murmurait-il.

III

Il n'y avait rien d'exagéré dans ce que venait de dire Albert.

Andrée d'Orsigny était, en effet, une jeune femme de la Chaussée-d'Antin, qui, mariée à dix-sept ans, par convenance de fortune, à un vieux parent de cinquante-cinq ans, avait vu s'éteindre ce protecteur légal après cinq ans de mariage.

— Dois-je rester veuve ? se demanda la jeune femme.

A vingt-deux ans, une femme riche, jolie, spirituelle, courtisée, ne peut guère résoudre une telle question que d'une manière négative.

A Paris, une jeune veuve est nécessairement entourée de précieux priviléges. Tous les hommages lui sont acquis. Il n'y a pas de réunion élégante sans elle. Qui refuserait de professer pour elle un respect mêlé de courtoisie ? Une veuve peut aller au théâtre seule ou en se faisant suivre d'une demoiselle de compagnie. Une veuve a le droit de voyager comme il lui convient. Si les femmes sont heureuses à Paris, du moins à ce que disent les proverbes qui pourtant, excellent à mentir, une veuve est la plus heureuse des femmes.

Néanmoins Andrée n'avait pas voulu jouir longtemps des libertés du veuvage.

Après les neuf mois qui avaient suivi le décès de M. Hector d'Orsigny, son mari, elle avait fixé son choix.

Un auditeur au Conseil d'État, un jeune homme de vingt-sept ans, avait été agréé par elle pour devenir son second mari.

C'était, au reste, ce qu'Albert du Ronceray venait de rappeler en attendant le retour de la jeune femme dans le salon.

Il n'aurait pas fallu juger Albert du Ronceray

sur la petite scène muette qu'il venait de jouer. Sans doute l'auditeur au Conseil d'État était un de ces jeunes gens légers que la mobilité des mœurs modernes a rendus forcément frivoles; cependant depuis le jour où il avait reçu d'Andrée la promesse de devenir son mari, il avait compris qu'il devait cesser d'être un papillon de la mode et des caprices du jour. Quoique fort jeune encore et quoique très-jolie, la veuve était rêveuse, grave, réfléchie, et elle voulait que son mari se mît de lui-même un peu de plomb dans la tête.

Sous cette irrésistible influence d'une femme qu'il adorait, Albert était revenu à ses études. Il avait vite constaté que la jeunesse du jour avait décidément trop peu de lest dans l'esprit et au fond du cœur, et il s'était retrempé dans les vieux auteurs et dans le culte de l'art.

— Andrée m'aimera bien mieux, pensait-il, lorsqu'elle verra que mon mérite ne consiste pas seulement à bien danser une mazurka et à faire correctement le nœud d'une cravate. Son cœur m'appartiendra avec plus de sûreté quand elle verra que je sais soutenir une conversation avec le premier homme de talent venu que le hasard pourra placer à côté de moi dans le monde.

En effet, madame d'Orsigny, voyant l'heureux

changement qui venait de s'opérer dans les allures du jeune homme, n'avait pas hésité à lui dire :

— Albert, je serai votre femme.

Ainsi qu'il venait de le rappeler, il n'y avait qu'un instant, c'était pour publier cette nouvelle dans son monde qu'Andrée donnait une fête.

— Cela, disait-elle, vaudra mieux et sera plus original que des lettres de faire part. Et même cela ne nous dispensera pas d'en envoyer.

IV

Ce mariage ne reposait pas que sur l'amour, ce qui aurait pourtant suffi à le faire comprendre. L'union projetée avait pris sa source à un lit de douleur et dans le dernier vœu d'un mourant.

Albert du Ronceray était l'élève et aussi l'ami du vieillard qui venait de s'éteindre, et quand M. d'Orsigny se sentit près de ses derniers moments, il fit appeler le jeune auditeur. Il voulait le voir et il le fit asseoir à son chevet près de sa femme, qui avait eu pour lui des soins admirables. Rassemblant ce qui lui restait d'énergie, il regarda alors les deux jeunes gens d'un œil tristement souriant; il prit en même temps la main d'Albert et la main d'Andrée, puis il dit d'une voix tremblante :

— Andrée, je connais mon jeune ami : il est aussi bon que je crois l'avoir été; Albert, la veuve que je vais laisser est une femme rare, accomplie, capable de répandre le bonheur dans une maison. Continuez notre heureuse union. Ma petite Laure a besoin d'un père qui l'aime et qui la protége. Mes amis, promettez-moi.......

Il n'en put dire davantage et mourut.

On trouvera cette scène étrange, on voudra voir dans ce mouvement du vieillard qui va quitter la vie un fait de générosité invraisemblable.

Rien de plus vrai pourtant.

Homme d'expérience, M. d'Orsigny avait bien compris tout ce qu'il y a de danger pour une jeune femme à être sans protection au milieu des mille et une séductions et des mensonges sans nombre de la vie parisienne. Il savait aussi que Laure, sa fille, n'aurait jamais à craindre qu'Andrée ne lui donnât pas tout ce que son cœur pouvait contenir d'affection; mais d'abord il se disait que la jeune femme pouvait se remarier un jour, et dans ce cas, il lui semblait plus juste et plus paternel de préparer lui-même l'événement.

— Albert, pensait-il, aura pour la jeune mère et

pour sa fille le cœur que je leur avais moi-même donné.

C'était alors qu'il avait imaginé de les unir à son lit de mort.

Sans doute Andrée et l'auditeur au Conseil d'État n'avaient pas eu à s'enchaîner par une promesse; ils n'avaient fait que prêter tous deux l'oreille aux paroles du vieillard; néanmoins ils regardaient comme une sorte de lien d'avoir entendu ces solennelles volontés. N'y pas obéir leur eût paru être une chose impie.

Après les jours consacrés au deuil, ils se revirent, mais avec la gravité qui convenait à la circonstance.

Albert commençait à aimer la jeune femme.

— Andrée, lui dit-il un soir, vous êtes une nature d'élite. Il est impossible que vous ayez oublié la recommandation que vous a faite M. d'Orsigny à sa dernière heure.

— J'en ai gardé bonne mémoire, Albert.

— Pensez-vous donc vous y conformer un jour?

Andrée rougit, baissa la tête et murmura :

— Albert, si vous y consentez, nous obéirons au vieillard. En vous, ma fille retrouvera un père et, quant à moi, j'aurai un mari.

En même temps elle tendait sa main au jeune homme, qui la couvrait de larmes et de baisers.

V

Dans les mœurs étranges de Paris, pas un acte important de la vie ne s'accomplit sans l'accompagnement du plaisir. Pour annoncer à ses amis que son veuvage était sur le point de cesser, Andrée donnait une fête, moitié bal, moitié souper.

Nous venons de voir que tout était prêt; la jolie veuve avait complétement achevé sa toilette.

— Oseriez-vous prétendre maintenant que vous ne soyez pas la plus charmante de celles qui figureront à cette soirée? lui disait Albert en fixant sur elle des yeux empreints de la plus vive tendresse.

— Ami, répondit-elle avec un ton de modestie qui la rendait plus séduisante encore, réservez ces jolies choses pour nos belles dames. Tenez, les voilà qui arrivent par petits groupes. Mon office de maîtresse de la maison est de les recevoir et de m'effacer.

En effet, le salon se remplissait déjà de jeunes femmes radieuses de pierreries, énivrantes de parfums et de beauté.

Un orchestre ni trop nombreux, ni trop court, donna le signal vers dix heures et demie, et la première contredanse n'eut point cette gravité d'entrevue diplomatique que l'on peut remarquer dans la plupart des bals, aussi bien qu'au moment solennel du potage dans les dîners d'apparat.

Andrée tenait à ce que ce fût une fête à laquelle on s'amusât.

Voilà pourquoi la danse prit, dès le premier moment, un caractère d'animation toute juvenile.

Bientôt les conversations s'engagèrent avec un décent abandon.

Il était ravissant de voir alors les bouquets et les têtes des danseuses, autres bouquets tout aussi frais et tout aussi parfumés, allant, venant, se croisant, bondissant en mesure, de manière à présenter au lorgnon de l'observateur le spectacle d'un véritable parterre dansant.

Tous les peuples dansent, le Français seul sait danser.

C'est une sorte d'aphorisme qui constate cette grande vérité.

Pendant trois heures, sans entr'acte, les valses succédèrent aux quadrilles, les galops alternèrent avec les mazurkes et les polkas.

Tout à coup madame d'Orsigny leva en l'air son éventail d'ivoire à lames d'argent, à peu près comme le ferait avec son épée le général en chef d'une armée pour donner à ses troupes l'ordre de s'arrêter.

L'orchestre se tut et la danse cessa.

— Voilà le moment de quitter le salon pour nous mettre à table, dit la jolie veuve.

On avait quelques instants pour ménager la transition.

— Allons, c'est intolérable! dit Albert à demi-voix. En dépit de nos précautions, il est toujours resté dans le salon comme une odeur de fumée qui se mêlait aux plus délicieuses senteurs des bouquets et des essences.

— Il est vrai, repartit Andrée, et voilà comment une pensée grave et sombre est toujours au fond de ce qu'il y a de plus riant et de plus suave. C'est le lacet de l'oiseleur qui attend le cou harmonieux du rossignol, c'est le Vésuve fermentant sous les folies de Naples.

— Fort bien, madame, répondit l'auditeur. Tout ce que vous dites-là est très-philosophique; mais il serait bon, je crois, d'ouvrir toutes les fenêtres pendant le souper.

Madame d'Orsigny fit signe à un valet qui se présenta aussitôt.

— Dominique, ouvrez les fenêtres, dit-elle, puis elle reprit son ordre de tout à l'heure :

— Allons souper.

VI

Albert, donnant le bras à madame d'Orsigny, conduisit les danseurs au festin le plus exquis que puisse créer la fantaisie d'un gastronome.

Il n'y a qu'à Paris que le riche s'entende à multiplier ainsi les jouissances. Cela était déjà vrai du temps de Boileau, qui disait si bien :

> Paris est pour le riche un pays de Cocagne.

A bien prendre les choses, il n'y a, sous ce rapport-là, que Paris au monde. On y vit maintenant comme les voluptueux des temps passés n'ont pas su vivre à Babylone, à Sybaris, à Rome et à Capoue. Les théâtres, le bal, la table, la musique, les beaux vers, les fraîches toilettes, des fleurs partout, des sourires toujours!

Comment les heureux du siècle ne tiendraient-ils pas à leur or autant qu'à leur vie ?

Si l'on veut un peu méditer sur cet état de choses, on verra qu'il n'y a qu'une épine sous leurs roses, mais cette épine, à la vérité, est sanglante; on ne trouve qu'une goutte de fiel au fond de leur coupe, mais ce fiel est un poison dévorant; il n'y a qu'un songe inquiétant au milieu de leurs doux rêves, mais ce songe est terrible et donne le frisson à presque tous les contemporains. Il s'agit de l'avénement de plus en plus rapide des classes populaires. Le pauvre, à demi-nu, amaigri par la faim, démoralisé par les mauvais conseils de l'infortune, secoue parfois les colonnes de l'ordre social et les jette à terre; Lazare déguenillé rôde autour des palais en réclamant les miettes du festin et en menaçant de broyer les convives sous ses pieds si l'on ne veut pas lui donner ce qu'il demande. Nos sages étudient ce mal social. Ils prétendent qu'ils sauront le guérir. Que Dieu les exauce! Lazare suppliant a droit à toute la pitié des bons cœurs; mais le pauvre, aveuglé par la colère, n'a jamais pu réussir qu'à faire des ruines et à doubler le torrent des larmes humaines.

Ce n'est pas une raison pour ne pas obéir au divin précepte de la charité, tout au contraire.

Andrée, femme d'élite, cœur plein de noblesse, était du nombre des esprits supérieurs qui pensent qu'on doit toujours payer la dîme d'une fête à ceux qui souffrent. Par ses ordres, deux domestiques se tenaient à la porte de l'hôtel.

— Tous ceux qui passeront, ce soir, auprès de cette maison sans avoir de pain recevront une abondante aumône. Si l'on aperçoit une de ces mères désolées qui, n'ayant pas de travail, se promènent par la ville avec un pauvre enfant pâle sur les bras, on la fera entrer, on la placera près du feu et on lui servira le repas du soir.

Ainsi avait parlé la jeune femme.

Aussi Andrée, sentant sa conscience légère, ne redoutait-elle point de donner à ses convives le signal de la gaiété.

A ce souper fait en hiver, au moment où Paris sommeillait, rien ne manquait de ce qui pouvait charmer les yeux et réjouir les cœurs.

Après le premier service, l'orchestre joua une mélodie de Félicien David que compléta la voix d'un artiste; c'était une cantilène arabe, sœur des belles strophes que l'auteur du *Désert* a rapportées de l'Orient.

Cet intermède terminé, on apporta le second service.

— Pourquoi ne ferions-nous pas comme nos pères de la vieille France? s'écria tout à coup madame d'Orsigny. Un bon conte, bien dit, ou une fantaisie bien récitée, quoi de meilleur avant le dessert? Voyons, qui va nous raconter un bout de roman intime ou bien quelque impression de voyage?

A ce mot d'impression de voyages, un des danseurs, un convive joyeux, blond et frisé comme un enfant de l'Albane, demanda tout à coup la parole.

VII

C'était un grand jeune humme qui n'avait pas encore trente ans.

Il se nommait Régis d'Ormesson.

Né pour l'action, il était arrivé depuis peu de temps d'un long voyage dans le nord de l'Europe, d'où il avait rapporté une brillante fortune.

Pendant ses pérégrinations, Régis d'Ormesson avait vu à loisir le pays où la neige a quatre pieds de haut pendant huit mois de l'année; il avait côtoyé les grandes mers, parcouru les magnifiques forêts de sapins et fréquenté les petits hommes de la Laponie.

Que d'épisodes à narrer !

— S'il ne s'agit que d'impressions de voyages, dit-il, pardieu, je suis le parleur qu'il faut dans la circonstance. En trois années de temps, j'ai vu plus de choses que tous nos conteurs en titre ne pourraient en consigner dans cent in-folios. Mesdames, que voulez-vous que je vous raconte? Du doux? du triste? du terrible? du langoureux? du plaisant? Voyons, parlez!

Une petite dame en robe de soie bleue, à voix tendre et effarouchée comme une élégie, s'écria :

— Eh! monsieur, contez-nous une histoire qui nous donne un peu la chair de poule!

— Voilà bien nos Parisiennes, répondit le conteur en s'essuyant les lèvres du bout de sa serviette, elles sont ravissantes, mais elles adorent toutes ce qui donne le frisson.

Et pendant que l'on servait les entremets et la crème à la vanille, Régis d'Ormesson parla comme il suit :

— Mesdames, il y a trois ans, à la tombée de la nuit, j'avais à aller de Christiania à un petit château distant de quatre lieues environ. Il fallait que j'y portasse pour un demi-million de diamants pour un bal que donnait le châtelain, la nuit même.

On m'avait prêté à l'hôtellerie du *Cygne d'Odin* un excellent cheval, mais en me faisant une foule de recommandations.

— En Norwège, la nuit, les chemins de traverse ne sont pas sûrs. Ne prenez pas par le bois; vous pourriez rencontrer la bande d'Oulie Hiélan le brigand, et ce ne serait pas bon, surtout si vous avez quelque chose de précieux sur vous.

— Ne prenez pas le bord de la rivière verte ; il y a par là une troupe de cinquante loups qui attaquent les voyageurs, surtout quand ils sont isolés.

— Par où faut-il donc prendre?

— Par la prairie de Brohoë, le long de l'étang. Vous aurez bien soin de ne pas vous écarter de la chaussée.

— Fort bien.

— Au reste, monsieur, nous allons vous montrer la route.

Un palefrenier assez obtus m'adressa au travers de la grande prairie où il y avait une chaussée, puis il me souhaita bon voyage. Au bout de dix minutes, la neige, qui était fort épaisse, me faisait perdre de vue le dessin de la ligne droite. Prenant alors le lac pour la chaussée, je m'engageai tout au milieu. Mon cheval allait d'un train d'enfer. En ce moment, la glace étant dure comme le sol, je ne pensais pas que j'avais trente toises d'eau sous moi.

— Ah! mon Dieu! s'écria la petite élégie à la robe bleue, trente toises d'eau, la mort!

— Ah! mon Dieu! répétèrent les autres femmes convenablement effrayées.

— Enfin, reprit le narrateur, étant arrivé au château, je commençai, les diamants livrés, à louer la belle et grande prairie qui était à la porte.

— Monsieur, me dit le châtelain, vous faites erreur, le pays est fort étroit au lieu dont vous parlez et les prés sont assez rares.

— Comment! m'écriai-je, la prairie de Brohoë dure plus de quatre lieues, et elle en a une pour le moins de largeur.

— Vous voulez dire le lac ?

— Quel lac ?

— Le lac de Kilarch, qui est pris et couvert de neige.

— Comment! c'est le lac que j'ai traversé au galop de mon cheval, au risque de noyer cent fois mes diamants, mon cheval et moi ! — Chose bizarre, je n'avais eu aucune émotion pendant le voyage. A cette révélation, j'eus peur, oui, je l'avoue, mesdames, et je m'évanouis. Il fallut un flacon de l'eau de la reine de Hongrie pour me faire revenir.

— J'en serais morte, moi! s'écria l'élégie. Et toutes les dames firent comme elle.

Cependant comme le souper était fini, l'orchestre rappela les danseurs au salon.

— Allons, recommençons le bal, disait Andrée, adorable d'entrain.

Si elle avait su que sous les planches du parquet il n'y avait que des charbons ardents !

Si Andrée eût su qu'au moment même où Régis d'Ormesson achevait son récit, les langues de la flamme pouvaient soulever à la fois deux ou trois feuilles du plancher, quel cri d'angoisse et de terreur n'eût-elle pas jeté ! Le sentiment d'épouvante qui étreignait en cet instant le cœur de la jeune femme fût devenu de l'effroi au spectacle de toutes ces danseuses si charmantes, mais que l'incendie aurait enserrées dans son cercle de feu. Nous avons tous vu dans l'œuvre d'un peintre de nos jours une scène fantastique, qui se passe en Allemagne, sur les bords d'un lac. Des nymphes demi-nues, couronnées d'iris et de roseaux, planent au-dessus de l'étang au fond duquel elles attirent en dansant en rond un jeune homme enchanté ou endormi ; c'est la *Danse des Elfes,* au bout de laquelle se trouve la mort. Cette image ne serait rien auprès d'un bal accompagné d'incendie.

Si Andrée eût su que le feu couvait sous le parquet de son salon et de tout son appartement, elle aurait eu devant les yeux le spectacle terrible de ce désastre qui eut lieu en 1810, rue du Mont-Blanc, à l'ambassade d'Autriche, où le prince de Schwartzenberg donnait à Napoléon et à Marie-Louise cette fête de nuit qui a fini d'une manière si lamentable. Par bonheur, la jolie veuve ne savait rien et ne pouvait rien deviner. Toujours souriante, elle s'écriait :

— Recommençons le bal !

VII

On se remit donc à danser.

L'orchestre reprit avec plus de verve qu'auparavant. Comme un jeune coursier sans rênes agite sa crinière, il secoua tellement, aux accords de son harmonie frénétique, cette foule ivre de plaisir et de valses, que sorbets, sirops et glaces prodigués ne pouvaient apaiser sa soif.

On disait de tous côtés :

— Très-belle fête, mais qu'il fait chaud, quoique nous soyons en décembre !

Les bouquets s'étaient desséchés dans cette atmosphère brûlante, et les danseuses sentaient toutes comme un souffle qui flétrissait la fraîcheur de leurs parures.

N'importe, le bal continuait et ne finit qu'à l'heure indécise où la nuit va disparaître et où le jour n'est pas encore levé.

On se retira.

Combien y eut-il de froids soudains sur de beaux

bras blancs et de fluxions de poitrine ? Les médecins des danseuses le savent. Mais c'est là la règle. La Parisienne risque cent fois la mort pendant un hiver, rien que pour danser.

Quant à madame d'Orsigny, elle jouissait du suprême bonheur d'aller au bal chez soi, lequel bonheur consiste à n'être pas forcée d'en revenir.

Un peu avant d'aller se mettre au lit, elle voulut dire quelques mots de remercîment et d'espérance à Albert; elle voulait aussi embrasser la petite Laure, sa fille, qu'elle avait dû oublier un moment pour le monde, qui demande toujours qu'on oublie tout pour lui.

— Sept heures du matin! dit Andrée en tendant la main à l'auditeur comme pour lui donner congé.

Il la prit et la porta à ses lèvres.

—Adieu, Andrée, à bientôt.

Et de concert avec la jeune veuve, s'approchant d'un beau berceau d'ébène sculpté, il embrassait tendrement la petite Laure qui appuyait sa blonde tête sur son oreiller garni de dentelles.

— A demain, Albert, ou plutôt à ce soir.

IX

En attendant que la camériste revint, Andrée faisait un dernier tour dans l'appartement, mais sans parler à ses domestiques d'une odeur tiède qui la tourmentait. Quand elle revint dans la chambre à coucher, sa respiration était gênée, sa tête brûlante. Elle avait mal au cœur. Elle étouffait.

Madame d'Orsigny courut vite à la fenêtre et se ranima à l'air pur et frais.

— Il est bien étrange qu'il fasse si chaud dans cette maison, murmurait-elle.

Un instant après, la camériste était occupée à préparer le lit de sa maîtresse, et de temps en temps elle venait voir si le sommeil de la petite Laure n'était pas troublé.

— Quelle chaleur! se disait la femme de chambre en allant et en venant; Dominique a pourtant bien éteint les tisons avant la fête.

— C'est que notre voisin aura fait grand feu au-dessous de nous? répondait Andrée. La fumée monte et nous échauffe.

Cependant la suivante déshabillait Andrée; elle lui ôtait une à une ses élégantes parures, tout en parlant de cette soirée enivrante, de ces jeunes femmes et de ces brillants cavaliers qui avaient si bien pris leurs ébats toute la nuit.

Madame d'Orsigny se coucha.

— Madame n'a plus besoin de moi? demanda la caméristé.

— Non, bonsoir ou bonjour.

— Bonjour, madame.

Et, en sortant de la chambre :

— Ah! quelle maudite fumée!

Cette fille était à peine dehors qu'Andrée ouvrit de nouveau la fenêtre et resta ainsi nue, grelottant, maudissant la cheminée, le fumiste, le voisin qui l'asphixiaient. Rien n'y faisait. La jolie veuve se résigna et revint à son lit.

Mais comment dormir?

Andrée avait le sang déjà agité par le bal. Ses petits pieds conservaient encore un ressentiment cadencé des quadrilles. Tout en cherchant à fermer les yeux, elle rêvait, mais éveillée.

— Décidément le sommeil ne veut pas venir, dit-elle; si je lisais?

Elle prit un livre au hasard sur la table de nuit; c'était un roman de madame Frédérika Bremer. Après avoir feuilleté plusieurs pages, elle tomba sur un paysage du nord de l'Europe, tout poudré de neige.

Cette neige de la Suède lui rappela M. Régis d'Ormesson et son histoire du lac glacé parcouru à cheval.

— Trois heures entre la vie et la mort, murmurait-elle.

Une sorte de somnolence lui fermait les yeux ; le livre s'échappa de ses mains ; c'est que la fatigue lui courbait la tête.

Andrée s'endormit, mais pour faire un rêve horrible, la plus effrayante de toutes les visions.

Ce tableau lui montrait comme présent le péril passé de ce jeune homme dont le cheval marchait sur un abîme.

Au bout d'une heure, une heure et demie, suffoquée par l'effroi, elle se réveilla en sursaut ; elle criait :

— Ah ! mon Dieu ! Voilà la glace qui se brise ! Voilà la glace qui se brise !

X.

Au même moment, la dormeuse se frotta les yeux.

— Folle que je suis, dit-elle, je ne suis pas en

Norwége, mais à Paris, seule, dans ma chambre à coucher.

Cependant comme elle éprouvait le besoin de respirer, elle souleva ses rideaux de damas rose.

— Quelle fumée! reprit-elle.

Puis, se rappelant les divers incidents de la veille :

— Ah çà, il y a donc décidément le feu ici?

Le sentiment de la réalité venait de faire place à la rêverie.

Andrée se jeta d'un bond hors de son lit, prenant à peine le temps de se couvrir les épaules d'un châle.

Pieds nus, l'œil fixe les lèvres tremblantes, elle se suspendait au cordon des sonnettes.

— Justine! Nicolle! Dominique! venez vite! Est-ce que le feu est à la maison?

Les domestique, harassés de fatigue, se reposaient aussi. Ils en étaient à ce premier sommeil qu'il est si difficile de rompre.

Voilà pourquoi ils ne répondaient pas aux cris de leur maîtresse.

— Tout annonce un incendie, s'écria Andrée. Le parquet est chaud sous mes pieds.

Elle rassembla tout ce qu'elle put de sang-froid au fond de sa poitrine et appela encore.

Personne ne paraissait.

Ici une pensée sinistre traversa tout à coup sa tête déjà en proie à la fièvre.

— Que devient Laure ? Où est ma fille ?

Là-dessus elle courut tout éperdue au petit berceau d'ébène.

Le bois commençait à éclater et à brûler au-dessous.

Pour le coup, elle perdit la raison.

— Au secours ! au feu ! au feu ! s'écriait-elle.

Andrée appela en pleurant, elle sonna. Voyant qu'on ne venait toujours pas, elle s'empara d'une statuette en bronze et la jeta avec fracas dans une glace afin de faire le plus de bruit possible.

— Ma fille ! qu'on sauve ma fille ! répétait-elle.

Cette fois, tous les gens de la maison accoururent.

Il était temps.

Poutres et charpentes, tout était consumé, par suite de la négligence du domestique qui, le premier, avait fait le feu.

En vingt minutes, l'incendie fut éteint.

Chose bizarre, sur ce frêle plancher, on avait dansé, on avait parlé d'amour, d'espoir, de bonheur, on avait vidé des verres, on avait dormi, on avait rêvé.

N'est-ce pas ainsi que tout va en ce monde ?

XI.

A quelques heures de là, Albert, prévenu par un mot au crayon, accourait à la hâte chez la belle veuve.

Andrée, étendue sur un sofa, répondait à peine deux ou trois paroles sans liaison au savant docteur N***, appelé pour lui donner des soins.

— Ce ne sera rien, disait l'homme de la science. Deux gouttes d'éther sur un morceau de sucre, et cet ébranlement du système nerveux qui cause cette prostration momentanée aura tout à fait disparu. Ce n'est qu'un peu d'épouvante, ce ne sera rien.

Puis, au moment où le jeune auditeur au Conseil d'Etat le reconduisait jusqu'à la porte :

— Cher monsieur, cela pouvait être excessivement sérieux ; madame d'Orsigny a eu dans la tête et au cœur la conjonction de deux craintes terribles : la suite d'un récit d'un cavalier qui a voyagé trois heures à cheval sur la glace, et le spectacle d'un incendie qui pouvait dévorer sa fille et brûler toutes ses invitées. Un peu plus, elle devenait folle. Mais rassurez-vous, dans dix minutes ce ne sera rien, je vous le répète.

Albert parcourait ainsi en un instant la gamme des impressions les plus saisissantes.

— Et moi qui riais hier de cette fumée sinistre! disait-il en se cognant le front. A propos, n'est-ce pas aussi par ma faute que ce commencement d'incendie a pu avoir lieu? Triple fou, j'ai oublié de jeter sur les tisons une assez grande quantité d'eau pour les éteindre. Mais Andrée était si séduisante que je ne songeais qu'à elle.

Il ajouta, sous forme de réflexion morale :

— Quoi qu'en dise le proverbe, il ne faut pas donner à un amoureux le soin de faire ou de défaire le feu.

XII.

Par bonheur, le docteur N***, toujours si sûr de ce qu'il avance, n'avait rien dit de trop.

Un fois que madame d'Orsigny eût mis dans sa bouche le morceau de sucre assaisonné de deux gouttes d'éther, la fièvre tomba, les nerfs s'étaient calmés; les visions sinistres s'évanouirent. Un éclair de raison se mit à rayonner sur le front de la jolie veuve.

— Ah! cher Albert, quel horrible roman que l'histoire de cette nuit dit-elle!

Et tout en se relevant pour s'asseoir sur une causeuse, elle raconta avec le charme que les jeunes femme de Paris savent mettre en toute chose ce qu'elle avait vu et souffert en dix minutes, en dix siècles, c'est-à-dire depuis sa course effrénée au berceau de sa fille jusqu'à ce moment où sa pensée se réveillait.

— Deux tableaux se montraient et s'entre-choquaient sans cesse dans ma pauvre tête; dit-elle; tantôt je voyais Régis d'Ormesson courant à cheval sur son lac glacé; tantôt j'apercevais des gerbes de flammes s'échappant du parquet pour consumer tout le bal, et Laure, et jusqu'aux rideaux de mon lit. Tout cela se mêlait. La musique se confondait avec les cris: le galop du cheval retentissait dans le salon. Jamais rêve de damné ne s'est si bien échappé de l'enfer. Heureusement cet horrible cauchemar s'est évanoui, grâce à un morceau de sucre.

Et Andrée ne pleurait plus que de joie.

XIII.

Andrée n'est pas une de ces têtes frivoles pour lesquelles un fait grave n'a point d'enseignement.

Tout au contraire, un rien la fait réfléchir; à plus forte raison s'inquiète-t-elle du sens ou des conséquences d'une chose qui peut faire naître ou une ruine ou un drame.

Depuis l'alerte qui a suivi la fête qu'elle a donnée, la jeune femme se moque de paraître trop méditative. Toujours jeune, toujours jolie et parfois même coquette comme le sont toutes les Parisiennes de son âge, elle redoute néanmoins l'aventure de l'homme qui se promène sur un lac glacé ou l'histoire de la danseuse qui dort sur un plancher enflammé.

Andrée n'assiste plus à une fête, à un bal, à un concert ni à un spectacle, sans dire au moins une fois à ceux qui l'entourent :

— Êtes-vous bien sûr qu'il n'y ait pas le feu?

XIV.

Il est bon d'ajouter un dernier chapitre pour que cette histoire soit complète.

Trois semaines environ après cette algarade, Albert du Ronceray ,auditeur au Conseil d'État, épousait la jeune veuve à la petite église de Saint-Louis d'Antin.

La cérémonie terminée, tout le monde disait en les voyant remonter en voiture :

— Qu'elle est jolie !

— Qu'il est heureux !

Ils forment en ce moment un des meilleurs ménages de Paris.

COMMENT ON JOUE UN FIN RENARD

SCÈNES DE LA VIE PARISIENNE

I

En 1860, vers la fin du mois de septembre, deux jeunes gens d'assez bonne mine s'étaient rencontrés en Auvergne, où une double ordonnance de la Faculté de médecine les avait envoyés prendre les eaux du Mont-Dore.

Jean Nanteuil offrit un matin un cigare à Jules Favray.

— Vous n'êtes pas plus que moi de ce pays, monsieur?

— Mon Dieu, non, monsieur. J'achève ici une guérison qui est déjà en bon chemin. Sous huit jours, je dis adieu à ces montagnes, et je pars pour le Berri.

— Eh bien, tout cela se trouve à merveille. Sous huit jours, je suis guéri comme vous et je vous conduis, si vous le voulez bien, jusque sur les frontières de votre province, car je suis du Bourbonnais.

Dès ce moment, Jean Nanteuil et Jules Favray formèrent ce qu'on appelle une paire d'amis.

A force de vivre l'un près de l'autre, de se rencontrer, de boire la santé à la même source, et de se promener côte à côte sur les sentiers encore verts, ils avaient appris à se comprendre.

En très-peu de temps, ils étaient devenus familiers l'un envers de l'autre, au point de se confier les secrets naissants de leur vie.

Jean Nanteuil, gros garçon joufflu, assez haut en couleur, souriait sans cesse ; on disait de lui, partout où il passait : «Voilà le type du *bon garçon* ! » — Un physiologiste un peu scrupuleux, étudiant sa figure à la loupe, y aurait peut-être découvert, au coin des lèvres, un signe lavatérien indiquant que le *bon garçon* n'était bon que pour lui-même. Mais, au bout du compte, il y avait tant de rondeur dans le rire bruyant du jeune homme que l'analyse la plus savante y eût perdu ses droits.

Une certaine pâleur quelque peu byronienne enveloppait la tête plus frêle de Jules Favray. En véritable enfant de ce siècle, celui-là était plus contenu dans son attitude, quelquefois grave, souvent même taciturne. Pour la foule, qui ne juge jamais les hommes et les choses qu'à la surface, il réalisait l'idée d'un *pince-sans-rire*. Cependant il y avait sur les tempes bombées de son jeune front tant de noblesse que nul n'osait pousser l'investigation jusqu'à le croire un petit Satan bourgeois, en casimir noir et en gants jaunes. Sa parole d'ailleurs était vibrante, nette et intelligente. Il était de haute taille.

— Une fois que vous aurez quitté l'Auvergne, que ferez-vous, Jules? lui demanda Jean Nanteuil.

— Comme je ne suis pas riche, j'ai à songer à mon avenir, répondit-il. J'irai à Paris solliciter une place dans les eaux et forêts. Et vous Jean?

Jean Nanteuil sourit, comme toujours.

— Quant à moi, répondit-il, je suis né sous le sourire des dieux, comme disaient les anciens. N'étant pas capable de grand'chose, j'ai pensé à me marier; j'ai rencontré en Bourbonnais une petite fille blonde comme les blés; je lui ai fait un doigt de cour; je me suis fait aimer, et je l'épouserai d'ici à un an, s'il plaît à Dieu; elle et sa dot, tous les deux étant aussi jolies l'une que l'autre. Être heureux, ce sera tout mon état.

II

Dès le lendemain du jour où ils s'étaient fait ces confidences, les deux amis, n'ayant plus une goutte d'eau à demander à la source, reprenaient le chemin de leurs provinces.

On partit d'abord à pied, le bâton ferré à la main.

L'automne accourait. Un vent aigre émondait déjà les feuilles jaunissantes des arbres. De grosses pluies mouillaient la terre. Il fallut avoir recours aux robustes cavales du pays.

Sur la fin du troisième jour, Jean Nanteuil prit tout à coup la parole.

— Mon cher Jules, dit-il à Favray, nous approchons de la petite ville de Cérilly, qui est le lieu de ma résidence. Voulez-vous me faire le plaisir de vous y arrêter quelque temps, au moins une semaine?

— Mon cher Jean, répondit l'autre, mes parents m'attendent; je ne puis vous donner même un jour.

— Eh bien, donnez-moi une soirée, afin que je

puisse vous faire voir ma promise, mademoiselle Clémentine Duméril.

Jules Favray ne put se défendre de frissonner. A vingt-trois ans, il ne connaissait du monde que les horizons, le bruit et la mise en scène. Le nom d'une jeune femme le faisait trembler. Que deviendrait-il en présence d'une jeune fille? Tout ce qu'il y avait de hardiesse au fond de son cœur s'évanouissait brusquement à cette seule pensée.

— Vous me voyez désolé de répondre par un refus à votre amicale invitation, dit-il à Jean. Un jour serait encore un trop long délai. Une lettre que j'ai reçue récemment m'enjoint de ne pas m'endormir dans les relais.

— Allons, vous m'accorderez toujours bien une heure.

— Va pour une heure.

Le soir, ils arrivaient à Cérilly.

Au débotté, Jean Nanteuil fit faire à souper à la hâte.

Un instant avant qu'on se mit à table, il ouvrit une persienne et tout en interpellant son ami :

— Tenez, Jules, ajouta-t-il, penchez vous un peu par là, à gauche et regardez en face. A la maison qui nous fait vis-à-vis, voici une tête de jeune fille qui regarde à la fenêtre; c'est celle qu'on me destine pour femme.

Jules regarda et aperçut, en effet, Clémentine Duméril, qui, une paire de ciseaux à la main, coupait deux ou trois grappes de raisin noir à une treille adossée au mur. Quoique le jour commençât à tomber, il pouvait cependant distinguer un charmant visage de vierge blonde aux yeux bleus, éclairé par un doux sourire. Par forme d'acquit, il prononça la formule d'un compliment banal et referma la fenêtre.

— Quelle gracieuse enfant! pensait-il tout bas. La vie serait pour moi une suite d'enchantements, si je pouvais associer mes destinées à celles d'une autre Clémentine; mais ces sortes de bonheurs ne sont pas faits pour moi.

Il dîna pourtant avec belle humeur et essaya de ne plus penser à la vision.

III.

Au bout d'une heure, Jules Favray se disposait à se remettre en route.

— Quand et où nous reverrons-nous? demanda Jean Nanteuil en le voyant remonter à cheval.

— Très-prochainement sans doute, Jean; mais avant tout, il faut que je me mette à même d'obtenir ma place dans les eaux et forêts.

— C'est trop juste.

Ils se serrèrent étroitement la main.

— Écrivez-moi.

— Envoyez-moi de vos nouvelles.

— Bon voyage, mon cher Jules.

— Bonne chance, mon cher Jean.

IV.

Un mois et demi s'était à peine écoulé que Jean Nanteuil recevait de Bourges un billet tracé par la main de son ami.

« Puisque vous avez témoigné le désir de savoir « où en sont mes affaires, mon cher Jean, je suis « assez heureux pour pouvoir vous annoncer qu'on « m'a mis en rapport avec un protecteur des plus « influents; c'est un sénateur, qui se fait fort de me « faire obtenir avant le 1er janvier prochain la place « que je sollicite. Toutefois il m'impose une condi- « tion rigoureuse. Il est indispensable que j'aille « à Paris présenter ma demande. Tout étant donc « réglé, je pars dans quinze jours. Un soir, en Au-

« vergne, vous m'avez parlé de l'envie que vous
« avez de revoir la grande ville avant de vous ma-
« rier. Si le cœur vous en dit, nous pourrons faire
« le voyage ensemble. Je partirai de Bourges le
« 1er décembre, à huit heures du matin, dans un
« wagon de première classe. Devrai-je attendre à
« l'embarcadère? Un mot à ce sujet, cher Jean, et
« mille amitiés.

JULES FAVRAY. »

Courrier par courrier, Jean Nanteuil répondit :

« Cher Jules, le billet que vous m'avez adressé
« arrive comme mars en carême. Je vais à Paris en
« même temps que vous. M. Duméril et Clémen-
« tine, sa fille, veulent voir la capitale avant notre
« mariage; c'est vous dire qu'ils sont de la partie.
« — Comptez donc que nous serons tous les trois
« exacts au rendez-vous du 1er décembre.

« JEAN NANTEUIL. »

V.

Si le plaisir de se retrouver avec son ami du Mont-Dore remplissait Jules Favray d'un vif contentement, la nouvelle qui lui était donnée de l'arrivée de M. Duméril et de la jeune fille rendait au jeune homme toute son étrange timidité. Jules ne savait ce qu'il craignait, mais il savait qu'il craignait. Un moment il eut la pensée bizarre d'échapper à cette partie en donnant contre-ordre à Jean. Mais quoi ! il fallait toujours partir pour Paris, et partir dans les délais prescrits.

— Je n'ai fait que l'entrevoir, se disait-il; cette Clémentine est jeune, elle est jolie, elle a de magnifiques cheveux blonds et de grands yeux bleus. Tout cela est assurément fort redoutable. J'aimerais mieux à beaucoup près voyager au milieu d'une escouade de dragons. Après tout, il faut bien se former. À la guerre comme à la guerre ! Je me résigne. Je partirai.

VI.

Le 1er décembre suivant, ainsi que la chose avait été convenue, quatre voyageurs occupaient un wagon de première classe du chemin de fer de Bourges à Paris.

On a déjà deviné que c'était d'abord M. Duméril et mademoiselle Clémentine, sa fille, et ensuite les deux jeunes gens du Mont-Dore : Jean Nanteuil et Jules Favray.

Le hasard voulait qu'ils fussent seuls.

Suivant le vieux Plaute, les hommes aiment à causer en route ; oui, mais ils ne causent que quand ils se connaissent. Les premières minutes du voyage furent, comme à l'ordinaire, consacrées à un rapide examen, à un échange de regards furtifs et curieux.

Jules Favray éprouvait sans doute un certain trouble, mais ce n'était pourtant pas ce sentiment d'épouvante qu'il avait tant redouté. Ouvrant les yeux avec plus de résolution, et relevant le front non sans quelque fierté, il ne cherchait plus à échapper à l'investigation de ses nouveaux compagnons de voyage. Bien mieux, il se mettait de lui-même à faire sur les autres l'analyse qu'il avait appréhendée pour lui-même.

Selon toutes les apparences, M. Duméril était un homme d'une cinquantaine d'années, gras et fleuri, à l'air jovial et débonnaire. En le voyant et surtout en l'écoutant, on devinait tout de suite l'agriculteur enrichi qui se repose avec délices et orgueil à l'ombre de vingt mille livres de rente. Il racontait à tous propos ses maisons, ses champs, ses bois, ses cheptels et ses actions de houille. On le voyait s'arrêter avec complaisance sur une affirmation.

— Messieurs, j'ai dans ma cave du bon vin de

la Comète auquel je vous prierai de venir dire deux mots.

Dix-huit ans, une figure de druidesse, les beaux yeux que nous avons déjà décrits, une voix d'une musique touchante, tels étaient les avantages de mademoiselle Clémentine. Un grand charme résultait chez elle de la nouveauté et de la fraîcheur de ses impressions. Sortie du couvent des Visitandines de Nevers l'année d'avant, elle ne connaissait rien ou presque rien du temps, du pays, des usages, des préjugés. Si l'on en exceptait la Loire qu'elle avait vue, le *Cabinet des fées* qu'elle avait lu, les gravures de modes qu'elle avait consultées, les romances de Grisár qu'elle avait chantées en s'accompagnant sur le piano, tout était pour elle un objet de surprise et lui faisait pousser une soudaine exclamation.

VII.

Pendant une heure et demie environ, les quatre voyageurs, préoccupés du soin de s'étudier du regard, ne causaient guère que par monosyllabes, ou en se renvoyant ces tronçons de phrases insignifiantes qui sont dans tout pays la menue monnaie de la conversation.

— Aimez-vous l'automne?

— Non.

— Pourquoi?

— C'est une saison triste.

— Et l'hiver?

— C'est différent.

— Vous l'aimez donc?

— Oui et non.

— Qu'est-ce à dire?

— L'hiver est la saison des plaisirs et des larmes.

— Très-juste.

— On y danse.

— C'est vrai.

— On y gèle.

— Encore vrai.

— On y met les plus belles nappes.

— Sans doute.

— On y mange du pain sec chez les pauvres.

— Assurément.

— Je n'aime pas l'hiver, disait M. Duméril.

— J'adore l'hiver, s'écriait Clémentine.

Jules Favray ne savait trop que penser et que dire. Ces compagnons de voyage que le hasard lui donnait ne lui paraissaient point avoir de bien grandes ressources dans l'esprit ni dans le cœur.

— Ce gros homme est jovial, pensait-il, mais

d'une jovialité vulgaire. Quant à la petite, en dépit de sa tête de Velléda, je la crois niaise ou pour le moins naïve. Aucune idée n'illumine sa pensée. Eh bien, Jean, que j'enviais fera bien de trouver une belle dot; Clémentine n'est pas déjà un si friand morceau.

De leur côté, le père et la fille faisaient toutes sortes de réflexions sur le futur officier des eaux et forêts.

— Jean, marmottait M. Duméril, nous a vanté son ami du Mont-Dore comme un garçon des plus distingués. Drôle de distinction! Il ne sait même pas rire quand je lui parle du vin de la Comète.

Clémentine, non moins sévère, exprimait aussi son opinion *in petto*.

— On m'avait dit que c'était un jeune homme du monde, et il n'a pas plus d'assurance qu'un séminariste. On ajoutait qu'il a de l'esprit. Je lui ai parlé tour à tour d'étoffes, de chiffons, de dentelles, et il n'a pas su me répondre. C'est tout au plus s'il a laissé tomber de ses lèvres quelques mots froids et insignifiants. Combien je préfère la rondeur rustique de Jean Nanteuil!

VIII

A Gien, dans le Loiret, on descendit un petit quart-d'heure pour déjeuner. — Un quart-d'heure, vingt minutes, c'est tout ce que le progrès de la civilisation et les exigences de la vapeur laissent aujourd'hui à celui qui voyage. Qu'un Homère des temps modernes célèbre le chemin de fer et ses innombrables bienfaits, je ne m'y oppose pas ; mais, pour moi, Français du lendemain de 1830, qui ai vu les derniers relais, les dernières diligences et les dernières tables d'hôte, je dis que vingt minutes pour déjeuner sont une amère plaisanterie, indigne de toute société bien organisée. — Les quatre voyageurs, rompus à toutes les aises de la vie de province, étaient peut-être de l'avis de l'auteur, mais l'ascendant de la mode les avait tous asservis à son inflexible discipline.

Ils s'approchèrent du buffet et déjeunèrent debout, en frappant du pied et en grelottant.

M. Duméril prit la moitié d'un poulet rôti, trois verres de vin de Bordeaux et une demi-tasse de café noir.

Clémentine se contenta d'une aile du même poulet et d'un petit verre d'eau rougie, — De quoi vivent les jeunes filles? — On ne sait pas, et elles ne veulent pas qu'on le sache.

Quant aux deux amis, s'écartant un peu parmi les voyageurs, ils improvisèrent du mieux qu'ils purent un déjeuner de viandes froides, de croûtes de pâté et de marasquin.

Un coup de sifflet de la locomotive annonça qu'il fallait remonter en wagon.

— Votre Clémentine est une charmante personne, dit Jules Favray en achevant un cigare.

— Oui, répondit négligemment Jean Nanteuil, fille unique, avec cent cinquante mille francs de dot, en attendant ving mille livres de rente.

IX

En remontant en wagon, les deux amis se reposèrent dans le silence et dans une méditation profonde. Jean Nanteuil surtout ressemblait au boa qui digère.

Au commencement du mois de décembre, le soleil est souvent aussi brillant qu'au mois de juin.

Il faisait un de ces beaux jours comme il n'y en a que deux ou trois dans un hiver.

Jules Favray regarda plus attentivement Clémentine, dont la jolie tête était baignée de lumière. Ce genre de beauté des jeunes femmes, si pur et si irrésistible, ne l'avait pas encore frappé à ce point. L'enfant lui parut d'autant plus adorable que Jean Nanteuil, frappé d'immobilité ne lui semblait pas être digne d'un pareil trésor.

— Une pareille femme, pensait-il, irait fort bien avec la place que je sollicite dans les eaux et forêts.

Ce ne fut qu'un éclair.

Le train allait à toute vitesse.

— Dans quelques heures, ajoutait le jeune homme toujours en se parlant à lui-même, nous serons à Paris, Dieu merci, et à Paris, je ne penserai plus qu'à ma place.

X

Horace, s'adressant à Mécène, favori d'Auguste, demande pourquoi nul n'est content de son sort ? — Combien d'autres *pourquoi* à mettre en avant ! Mais il en est un qu'on nous permettra d'intercaler ici. — Pourquoi désire-t-on précisément ce qu'ont les autres ? — Bornons-nous à poser le point d'interrogation. Personne ne saurait y répondre, ni l'auteur de cette histoire ni le premier venu.

Cette place des eaux et forêts, que Jules Favray se disposait à solliciter, était fort enviée dans les provinces du centre, provinces sylvestres par excellence. En causant avec son ami, le candidat lui avait dit machinalement :

— C'est une place qui me rapportera six mille francs par an et le logement.

Or, en remontant en wagon, Jean Nanteuil, tout en digérant son déjeuner de viandes froides, de croûtes de pâté et de marasquin, se disait :

— Dans notre siècle positif, un homme marié, un père de famille, a besoin d'une position au milieu du monde. Est-ce qu'une bonne place n'augmenterait pas ma considération et ma fortune ? Je suis moins riche que mademoiselle Duméril ; mais si je me présentais à son père avec une place de six mille francs, le bonhomme ne me traiterait plus en supérieur. Il dirait : « J'ai un gendre fonctionnaire public. »

Ces réflexions produisirent leur effet.

Jean Nanteuil, qui ne se piquait pas d'imiter Nisus, l'ami d'Euryale, questionna avec habileté Jules Favray. Ce dernier, qui n'était armé d'aucune défiance, ne lui refusa aucun des renseignements indispensables sur la question : « — Il faut aller voir le sénateur S***. — Il faut se présenter au ministère de l'agriculture à telle heure. — Il faut avoir trois apostilles à sa demande, etc., etc. »

Jean Nanteuil tirait ainsi *les vers du nez* à son ami.

— Ce que je fais là, c'est une abominable trahison, disait-il tout-bas; mais, dame aussi, les temps sont durs, et la philosophie dominante est celle-ci : *Chacun pour soi.*

XI.

Pendant le peu de temps que dura ce voyage, les rôles avaient l'air de changer.

Jules Favray déployait désormais toute son habileté près de la jolie Clémentine, que, dans ses préoccupations ambitieuses, Jean Nanteuil négligeait. Il s'attachait surtout à captiver les bonnes grâces de M. Duméril, en flattant sa vanité de propriétaire et en applaudissant ses coq-à-l'âne. Toutefois, et malgré tant de soins, il avait peu de chance de succès ; Jean Nanteuil était estimé du père et bien reçu de la fille; ce même Jean Nanteuil devait voir tous les jours à Paris M. et mademoiselle Duméril, et leur servir de *cicerone* dans leurs visites aux monuments et aux curiosités de Paris : car Jean connaissait à fond la capitale, où il avait passé plusieurs années de sa jeunesse. Jules Favray, au contraire, venait pour la première fois à Paris, où il ne lui serait guère permis de cultiver la connaissance de monsieur et de mademoiselle Duméril, car l'emploi qu'il sollicitait réclamait tous ses moments.

En arrivant, M. Duméril alla se loger dans un hôtel de seconde classe, agréablement situé entre le Palais-Royal et le boulevard des Italiens. Par un sentiment de convenance, Jean Nanteuil ne se logea pas dans la même maison ; il suivit Jules Favray dans un hôtel voisin, et lui dit :

— J'espère, mon ami, que vous ne songerez pas à votre place avant de nous avoir consacré quelques jours ?

— Je le voudrais, répondit Jules, mais c'est impossible. Quand on veut obtenir un emploi, il faut se hâter.

— D'accord ; mais une semaine donnée aux plaisirs n'est pas trop.

— Ce serait tout compromettre.

— Trois ou quatre jours, au moins ?

— Pas un seul.

— Quoi ! pas même la journée de demain ? Notez que M. Duméril et Clémentine comptent sur vous.

— Ils ne m'en ont rien dit, quand j'ai pris congé d'eux.

— Ils m'avaient chargé de leur invitation. Tenez, nous ferons quelques courses, puis nous dînerons ensemble. Vous ne voudriez pas désobliger un brave homme et mécontenter une jolie femme en refusant ?

— Soit ; je consens à ne pas solliciter pendant la journée de demain ; mais là se bornera mon sacrifice.

Ils se serrèrent la main.

Jean Nanteuil, ravi, disait tout bas :

— Encore vingt-quatre heures de gagnées.

XII

Le lendemain de bonne heure, Jean Nanteuil, infatigable, s'empara de Jules Favray, qu'il conduisit au musée du Louvre en compagnie de M. Duméril et de sa fille.

Au bout de quelques instants, il les laissa tous les trois dans les galeries qu'il leur recommanda de parcourir lentement, et en ne donnant pas moins de cinq minutes à chaque tableau.

— Quant à moi, dit-il, quand j'habitais Paris, j'ai vu cent fois ces chefs-d'œuvre. J'ai une course pressée. Permettez-moi de vous quitter un instant. Je reviendrai vous rejoindre au plus tôt.

Il ne reparut qu'à trois heures de-là.

En fin renard, il avait bien employé son temps ; il avait vu ses amis ; il était parvenu à mettre en campagne des personnages influents ; l'artifice de sa duperie prenait bonne allure.

— Il ne me faut plus que quelques jours, pensait-il.

Durant son absence, Jules Favray n'avait pu que se montrer empressé et galant auprès de Clémentine.

— Hélas ! se disait-il, ce trésor sera pour un autre. Heureux Jean ! La petite, que je prenais pour une buse, a autant d'esprit que de beauté. Sensible à la magie des arts, elle sait ce que c'est que la peinture ; elle n'est aveugle ni en histoire ni en musique. Que de charme résulte du voisinage de cette adorable nature ! Heureux Jean !

Et comme l'envie lui venait de faire sa cour dans son propre intérêt, il ajoutait :

— Réprimons vite cette envie du diable. D'abord, ce serait une mauvaise action, puisqu'elle est promise à un autre ; en second lieu, ce Jean Nanteuil, si rond et si rose, est un si *bon garçon !*

Et dès lors, il ne cherchait plus à se rendre aimable.

Il est si facile de ne pas réussir auprès d'une jolie femme !

XIII

Après le dîner, on alla au Théâtre-Français, où l'on jouait *les Effrontés*.

Après le spectacle, Jean Nanteuil, le *bon garçon*, conduisit Jules Favray dans un café nocturne des boulevards, café élégant et à la mode, où il fit servir un bol de punch.

Jules Favray, tout entier aux émotions rapides de cette journée, buvait cette liqueur traîtresse pour y trouver comme un contre-poids à son esprit enivré. Bientôt ses yeux brillèrent, sa voix s'anima. Toute idée sérieuse déménagea de sa tête troublée.

Alors Jean Nanteuil lui dit :

— En décembre, à Paris, les bals masqués commencent et sont surtout charmants dans leur primeur. Si nous allions au bal masqué?

— Non; je ne pourrais danser, répondit le candidat à la place des eaux et forêts.

— Il s'agit bien de danser! Nous verrons une fête magnifique. Tout Paris y sera. Des femmes séduisantes, d'abord; ensuite, les célébrités du jour, les hommes d'État, les grands peintres, les journalistes, les millionnaires. Nous nous ferons intriguer pour savoir ce que c'est.

— Comment serais-je intrigué? objecta Jules Favray. Je ne connais personne à Paris.

— Raison de plus. On raffole des étrangers dans ce pays. Vous aurez un succès fou.

— Et bien, allons-y, répondit le provincial.

Au bal de l'Opéra, le *bon garçon* égara son ami dans la foule; puis, en homme habile, il rentra paisiblement chez lui, où il se coucha bien vite, afin d'être frais et dispos pour ses courses et ses démarches du lendemain.

Quant à Jules Favray, comme il avait été recommandé adroitement à quelques dominos babillards, il n'avait pas trouvé le temps long, s'était attardé à souper joyeusement avec des inconnus et n'était rentré à l'hôtel que dans la matinée, au grand jour.

— Belle chose qu'un bal de l'Opéra! disait-il; mais il faut que je passe toute la journée à dormir.

De son côté, tout en mettant ses gants pour reprendre la campagne de la place, Jean Nanteuil faisait le joli cœur.

— Mon Annibal berrichon, disait-il, s'endort dans les délices de Capoue. Profitons-en.

XIV

A son réveil, Jules reçut un billet parfumé de benjoin :

« Je vous ai vu hier, et je vous aime. Venez, cette
« nuit au deuxième bal de l'Opéra. Vous me recon-
« naîtrez à un œillet bleu que je porterai à ma cein-
« ture.

« Une inconnue. »

— Un roman ! s'écria Jules. Eh bien, je ne les aime pas. Je n'irai point à ce bal. Soyons tout entier à ma place.

En s'habillant, il avait déjà changé d'avis.

— Au fait, comme j'ai dormi tout le jour, je n'ai pas même dix minutes pour faire une visite ; voici déjà le soir. J'ai rendez-vous pour minuit au foyer. Pourquoi n'irais-je pas ? Mais ce ne sera de ma part qu'une affaire de curiosité. Allons, à demain les affaires sérieuses, — mais à demain sans faute.

Il alla au bal, seul ; il se promena au foyer.

— Cet œillet bleu tarde bien à venir ! se disait-il en lorgnant toutes les femmes. Serais-je tombé dans le piége d'une mystification ?

Pendant qu'il achevait ces mots, un domino rose s'approcha de lui et dit d'une voix flûtée :

— Monsieur Jules Favray, je vous souhaite le bonsoir.

Jules Favray s'approcha, salua, et répondit :

— Mais pourquoi n'avez-vous pas d'œillet bleu à la ceinture ?

Ici, soupir et colère du domino rose.

— Quoi! monsieur, vous attendiez quelqu'un ? Ah ! si je l'avais su ! Mais attendez encore et laissez-moi. Je me retire.

— Comment! vous n'êtes donc pas le domino au billet ?

Un *non* bien sec répondit à cette question. — En même temps, le domino rose s'enfuit. Par bonheur, la foule l'empêcha d'aller loin, et Jules Favray le rejoignit.

— Permettez-moi de vous dire quelques mots, murmurait-il.

Et il lui prit galamment le bras :

— Quelle main de fée ! répétait-il à voix basse.

XV

Ils n'avaient pas fait vingt pas ensemble qu'il était ivre d'amour.

— Prenez garde, reprit le domino rose, ne vous attardez pas trop. Je sais que vous ne pouvez rester longtemps ici.

— Au fait, des affaires sérieuses m'appellent au dehors.

— Oui, une place dans les eaux et forêts.

— Comment savez-vous ?...

— N'est-ce pas ce motif qui vous amène à Paris ?

— Ces Parisiennes savent tout ! pensa Jules Favray. Mais qui vous a appris tout cela ?

— Quelque indiscrétion.

— Je ne vous ai jamais vue. En fait de femme, je n'en ai rencontré qu'une, hier, dans ce bal ; mais celle-là était brune et plus grande que vous de toute la tête.

— Et qui vous avait amené au bal masqué ?

— Un de mes amis.

— Venu de province avec vous, et nommé Jean Nanteuil ?

— C'est vrai. Vous êtes bien informée.

— Et M. Jean Nanteuil vous a sans doute accompagné ce soir?

— Non... Est-ce que cela vous afflige?

— Je conviens que je m'attendais à le rencontrer. C'est même un peu pour lui que j'étais venue.

— Ce que vous me dites là n'est pas flatteur. Mais si vous étiez bien instruite, vous sauriez que Jean Nanteuil est un bon garçon, très-rangé, qui a renoncé aux aventures de jeunesse, parce qu'il va se marier avec sa promise.

— Ah! vraiment? Je l'ignorais. Et qui épouse-t-il? Sans doute quelque provinciale?

— Cette fois, vous avez deviné juste.

— Quelque petit laideron, bien gauche, une fille un peu sotte et ayant de la filasse sur la tête?

— Oh! pour le coup, vous vous trompez. Sa Clémentine est un miracle de beauté.

— Comme vous prenez feu!

— Je dis ce que je pense. Ah! si Jean Nanteuil n'était pas aimé!

— Qui vous a dit qu'il l'était?

— Il me l'a dit lui-même.

— Le fat!

— Mais, voyez-vous, ce qui m'irrite, c'est qu'il est, je crois, plus amoureux de la dot que de la jeune personne.

— Qui vous fait supposer cela?

— Ses confidences.

— Et cela vous remplit d'indignation!

— Cette Clémentine est si adorable! Tenez, je vous trouve jolie, vous; mais si elle apparaissait... eh bien...

— Eh bien?

— Je serais capable de vous quitter pour aller lui offrir mon bras.

Un petit rire aigu résonna sous le loup de velours de l'inconnue.

Ils firent encore un tour ou deux, puis le domino rose dit à Jules Favray :

— Monsieur, vous êtes homme d'honneur, je le sais. Je n'ai voulu que causer. Je vous quitte. Ne cherchez pas à me suivre. Seulement je vous promets que nous nous reverrons.

— Où et quand?

— Vous l'apprendrez quand il le faudra.

En parlant ainsi, elle s'échappa et disparut avec la légèreté d'un oiseau.

XVI

Le lendemain, à son lever, Jules Favray aperçut Jean Nanteuil :

—Ah! vous voilà. Eh! c'est à merveille. Vous allez m'accompagner dans quelques-unes de mes courses.

Le *bon garçon* souriait.

— Soit, mais auparavant, nous déjeunerons, si vous le voulez bien, à Tortoni.

— Comme il vous plaira.

Au café Tortoni, où Jean Nanteuil mena Jules, se trouvaient plusieurs jeunes gens installés à une table voisine.

Vers la fin du repas, on lia conversation.

On parla tour à tour politique, femmes et chevaux, ainsi que le veut l'usage.

Dans la chaleur de l'entretien, une discussion s'éleva.

— Il n'y a de supportables que les femmes de Paris, disait une sorte de dandy, ayant un pince-nez sous l'œil.

— Monsieur, répliqua Jules Favray, je vous demanderai la permission de ne point partager votre sentiment.

— La raison?

— Eh! monsieur, la raison, c'est qu'à l'heure qu'il est, si je ne me retenais, je deviendrais amoureux d'une charmante jeune fille de province.

Un éclat de rire moqueur répondit à cette sortie.

— Ah! monsieur arrive de Quimper-Corentin sans doute ou de Brives-la-Gaillarde.

— Monsieur, Brives-la-Gaillarde est une fort jolie petite ville et Quimper-Corentin un endroit où il y a des gens de cœur. On ne trouve pas tout à Paris seulement.

De ce mot, on alla plus loin.

Les propos s'échauffèrent, jusqu'à une querelle suivie de provocation.

Bientôt l'affaire prit une mauvaise tournure.

Un duel était devenu inévitable,

— N'ayez pas peur, dit Jean Nanteuil à son ami, je ne vous quitte pas.

XVII

Les témoins du dandy s'approchèrent de Jules Favray.

— Monsieur, dirent-ils, en notre qualité d'insultés, nous avons le choix des armes.

— Rien de plus juste, répondit Jean Nanteuil.

— Nous choisissons le pistolet.

— Ce n'est pas l'arme des gentilshommes, répliqua toujours Jean Nauteuil.

— N'importe, nous usons de notre droit.

— Eh bien, va pour le pistolet. Où se bat-on?

— Au bois de Vincennes.

On appela des fiacres et l'on partit pour le bois de Vincennes.

Ainsi qu'on l'a déjà vu, Jean Nanteuil était le témoin de Jules Favray,

Sur le terrain, il fit entendre des paroles conciliatrices.

— Comment! deux jeunes gens pleins d'avenir se casser la tête pour une cause si frivole!

On le fit taire.

Le dandy ne voulait rien entendre; il n'avait qu'un mot à la bouche :

— Que ce soit un combat à mort!

On chargea les armes.

Les combattants se placèrent à vingt pas l'un de l'autre.

Le sort décida que Jules Favray tirerait le premier.

— Visez bien, visez au cœur, lui disait Jean Nanteuil tout bas.

Il tira d'une main ferme, et son adversaire tomba en poussant un cri déchirant.

Les deux témoins s'approchèrent et dirent avec un mouvement d'effroi et de douleur :

— Il est mort !

XVIII

Jules Favray était devenu pâle comme un suaire.

— Hélas ! qu'avez-vous fait là, mon pauvre ami ? lui dit Jean Nanteuil. Vous savez que les lois contre le duel sont inéxorables. On va vous poursuivre, nous traîner tous les cinq en cour d'assises ! Fuyez ! quittez Paris ; moi, je vais me cacher dans une retraite sûre, et peut-être finira-t-on par oublier cette tragique histoire.

Jules Favray retourna en toute hâte à son hôtel pour faire ses paquets et gagner la Belgique.

Il rencontra M. Duméril qui venait lui rendre visite, et il lui apprit le drame qui venait de se passer.

— Mon cher monsieur, fuir est un mauvais parti, dit l'ancien agriculteur. La justice ne manquerait pas de se mettre à vos trousses. Croyez-moi faites comme Jean Nauteuil : cachez-vous à Paris.

— Mais, où me cacher? je ne connais personne ici.

— Eh bien, venez avec moi, je vous donnerai un asile secret dans l'appartement que j'occupe.

Jules Favray accepta, Pendant trois jours, il resta caché chez M. Duméril, et Clémentine, éprouvant beaucoup d'intérêt pour son malheur, lui tenait compagnie en lui faisant de la musique et en lui montrant des albums.

— N'est-ce pas un ange? disait le pauvre proscrit.

XIX

Pendant ces mêmes trois jours, Jean Nanteuil, le *bon garçon*, ne s'était pas montré chez son futur beau-père.

Enfin, un beau matin, il reparut tout radieux.

— Comment! vous voilà, Jean? s'écria M. Duméril. L'affaire est donc arrangée?

— De quelle affaire me parlez-vous?

— Mais du duel du bois de Vincennes.

— Allons donc! une bonne plaisanterie! une ruse que vous comprendrez, vous, vieux paysan du Bourbonnais!

— Qu'est-ce à dire ?

— Que ce duel était un jeu.

— Comment ?

— L'homme tué, un comédien, un de mes anciens camarades, se porte à merveille, et tandis que le meurtrier imaginaire cache dans l'exil sa tête faussement proscrite, moi, fin renard, j'ai obtenu la place qu'il venait solliciter à Paris. Un bel emploi qui rapporte six mille francs !

Il souriait toujours et ajouta :

— Maintenant, monsieur Duméril, je crois pouvoir vous demander hardiment la main de votre fille.

XX

Clémentine, qui se tenait dans une pièce voisine, ayant placé l'oreille à la serrure, comme le font si souvent les petites filles, avait tout entendu.

Elle accourut pareille à une biche blessée par le chasseur.

— Ma main ! s'écria-t-elle. Vous demandez ma main ? Eh bien, monsieur, je vous la refuse.

Jean Nanteuil, tout en balbutiant, voulait un pourquoi.

— Pourquoi, monsieur? Attendez, et vous allez tout comprendre.

Elle se mit à compter sur ses doigts.

— *Primo*, vous avez indignement trahi la confiance de M. Jules Favray, votre ami. *Secundo*, pour lui faire perdre son temps, vous l'avez envoyé au bal de l'Opéra, et il m'y a rencontrée. *Tertio*, pour vous débarrasser de sa présence, vous l'avez condamné à l'exil, et c'est ici qu'il s'est caché. *Quarto*, vous avez obtenu la place qu'il sollicitait, et lui, par un juste retour, mais sans fraude et sans perfidie, s'est emparé d'un cœur auquel vous aspirez vainement. Vous êtes quittes. Vous avez la place; il a la femme; allez où l'emploi vous appelle; nous restons ici et dans un mois nous nous marierons à l'église Saint-Roch.

Jean Nanteuil, le *bon garçon*, a quitté Paris pour n'y plus remettre les pieds.

XXI

A huit jours de là, voulant jouer au philosophe stoïque, il se faisait installer dans ses nouvelles fonctions, à Bourges, avec l'appareil d'un certain cérémonial. On lui avait fait endosser un fort bel uniforme en drap vert, décoré de broderies d'argent et de boutons guillochés. A dater de ce moment solennel, il prenait rang parmi les personnages importants de la contrée. Aussi, dans sa pensée, essayait-il de faire une compensation avec le cœur et la dot de Clémentine, à jamais perdus pour lui.

— Tout compte fait, se disait-il, ai-je donc tant à me plaindre? La place que j'ai me vaut une considération qui ne pourra que s'accroître avec le temps; Clémentine est jolie et la fortune de M. Duméril est belle; mais la beauté des jeunes filles est une fleur qui se fane bien vite, et l'agriculteur est vert comme un jeune chêne. Au fond je n'ai pas perdu grand'chose. Il y a mieux. Ma place aidant, je trouverai beaucoup mieux que la petite mijaurée, aussitôt que je voudrai me donner la peine de chercher.

Six mois étaient écoulés depuis ce beau monologue.

Un jour que Jean Nanteuil s'en allait à cheval à travers le Morvan, pays boisé, comme on sait, il rencontra près de la Loire une barque, et mettant déjà le pied dans cette barque, un batelier d'abord, et ensuite deux jeunes mariés de sa connaissance : Jules Favray et Clémentine Duméril, qui prolongeaient par mille pérégrinations romanesques les ivresses de la lune de miel.

— Allons, brave homme, disait le jeune mari au passeur, conduisez-nous à force de rames à cet îlot ombragé de saules et d'arbres de Judée, vers ce point où des cygnes se jouent dans l'eau du fleuve.

— Nous y serons dans cinq minutes, monsieur.

En même temps, la légère embarcation courut sur la nappe d'argent de la Loire comme un martinet qui, de son aile diaprée, traverse un étang.

On était au commencement du mois de juin.

Tout était joie et enchantement dans la nature. Le grand fleuve se déployait sous les regards du promeneur, dans toute sa calme majesté. De temps en temps, un souffle de l'air, léger et doux, secouait la cime des arbres encore fleuris, et apportait des senteurs balsamiques qui rappelaient l'Inde et le Brésil.

Jean Nanteuil jeta à la dérobée un regard sur le jeune couple, ce regard triste et jaloux qu'on envoie à un trésor qu'on a perdu.

Clémentine lui paraissait cent fois plus charmante encore que par le passé. Sous ses magnifiques cheveux blonds brillants comme une couronne d'or, la limpidité de ses beaux yeux bleus éclairait son joli visage d'une grâce pudique. Quant à Jules Favray, il était radieux de bonheur.

Jean Nanteuil s'éloigna de toute la vitesse de son cheval.

— Décidément, dit-il avec un gros soupir, c'est Jules qui est le mieux partagé.

XXII

Jean Nanteuil découvrit ce jour-là qu'il y avait au fond de son cœur une blessure profonde, c'est-à-dire le regret amer d'avoir jeté la proie pour l'ombre. Il ne s'est pas marié, et ne se mariera sans doute jamais. Ceux qui vivent près de lui l'entendent dire souvent :

— Il ne faut pas vouloir être trop fin, surtout quand on a contre soi une jolie femme.

QUELQUES MADRIGAUX ARABES

Une question, d'abord,

— Quel est le peuple qui s'entend le mieux à aimer ?

En fait d'amour, l'Italien chante, l'Anglais raisonne, l'Allemand rêve, le Russe commande, le Français plaisante, l'Espagnol pleure.

l'Arabe seul sait aimer.

Aimer en Orient, c'est donner tous les trésors de son cœur.

Il est juste d'ajouter que l'Arabe aime avec la plus exquise délicatesse. Les sots et les ignorants prétendent que, sous les tentes, les palmiers et les harems, la femme est esclave, quand il est si bien prouvé qu'elle est souveraine maîtresse de l'homme. Savez-vous d'où nous est venue cette fameuse galanterie occidentale dont nous sommes si fiers ? De l'Arabie! Je n'avance rien de trop en disant que c'est une des conquêtes des Croisades et ce n'est pas la moins importante. En se trouvant près des enfants du prophète, serviteurs si doux des « fleurs du désert. » nos aînés ont eu honte de leur rudesse traditionnelle, et ils se sont adoucis au point d'imiter les Orientaux dans leurs rapports avec la fille d'Ève.

Non-seulement ce que j'avance là est démontré par les relations de notre histoire politique et littéraire, mais mille monuments prouvent que l'assertion est de l'exactitude la plus véridique. Tenez, on me communique en ce moment un recueil de petites cantilènes composées en Afrique par un poète arabe, poète inconnu et jamais imprimé. Un de nos zouaves a traduit cet Alfred de Musset de l'oasis. J'ai dit tout à l'heure que son manuscrit était un recueil de cantilènes; eh bien! non, c'est un recueil de madrigaux qu'il convient de dire. Ni Voltaire, ni Dorat, ni nos auteurs de jolies romances de salon ne pourraient égaler le ton galant de ce barde des déserts.

Il est bon que vous puissiez en juger par vous-mêmes. Je vais extraire de cette anthologie d'un nouveau genre quelques-unes des pièces les plus petites, et cela sans examen, au hasard.

Je commence sans plus de préambule.

I

LE VOILE

« Frères, j'ai acheté à Fathmé un voile, — un voile de gaze, à mon voyage à Damas.

« Fathmé s'avance, mais son visage est voilé, et sa vue embarrasse et confond tous les esprits. Le rameau léger de la vallée des Nakas devient jaloux de sa taille flexible et attrayante.

« Tout à coup, la vierge relève de sa main le voile envieux qui la cache, et les habitants de la contrée jettent des cris de surprise.

« — Est-ce un éclair, se disent-ils, qui vient de briller sur nos demeures ?

« Et un veillard ajoute :

« — N'est-ce pas plutôt que les Arabes ont allumé leurs feux dans le désert ? »

—

En voici une autre, et celle-là je la trouve incomparable.

Il me semble que nos beaux messieurs du Jockey-Club ne parleraient pas si bien à nos jolies duchesses.

II

LES COMPARAISONS

« Zhôra! Zhôra! quand la nuit épaissit ses ténèbres, elle imite la noirceur de tes cheveux bouclés. Quand le jour brille de ses clartés les plus pures, il rappelle l'éclat de ton visage éblouissant. L'aloës, dans ses suaves exhalaisons, ne répand lui-même que tes propres parfums.

« Zhôra! Zhôra! celui qui t'aime passe sa vie à compter tes charmes, et pour cela il lui faudrait avoir aux mains dix fois autant de doigts qu'il en a. »

—

Dans l'amour des Arabes, tendre et fougueux, il y a un mélange de mélancolie qu'il n'est pas mal de faire voir.

III

LES CONDITIONS

« Fille au cheveux d'or, je t'ai regardée un jour, et depuis ce temps-là je suis ton ombre.

« Si tu me disais : — « Va me chercher la biche timide qui boit à la source de cristal de la montagne, » j'irais, dût le lion qui rôde autour me déchirer de son ongle et de sa dent.

« Si tu me disais : — « Va d'une traite à La Mecque pour y appliquer ma bague sur le tombeau du prophète, » j'irais, dussé-je y mourir de fatigue, de chaleur, de faim et de soif.

« Si tu me disais : — « Plonge au fond de la mer Rouge, afin d'y trouver pour moi la plus belle des perles, « j'irais, dusse-je me noyer. »

« Mais ne me dis jamais : » Viens quand ton rival est là ; » je ne viendrais pas, et tu ne me reverrais plus. »

—

Ces sortes de beautés poétiques abondent dans l'œuvre de cet Anacréon de l'Afrique.

Voyez un peu ce couplet.

IV

LES QUESTIONS

« — Jeune homme, qui a tué en toi l'amour de la chasse ?

« — C'est l'amour de Leïla.

« — Qui a tué en toi la passion des chevaux ?

« — C'est l'amour de Leïla.

« — Qui a tué l'amour des batailles ?

« — C'est l'amour de Leïla.

« — Qui a tué le désir de te faire un nom ?

« — C'est l'amour de Leïla.

« — Insensé, qui t'a fait oublier le nom d'Allah, la main de ton père, la voix de ta mère, la poitrine de tes frères, la croupe de ton cheval ?

« — C'est l'amour de Leïla.

« — Et le jour où tu exhaleras le dernier souffle, à quoi penseras-tu ?

« — A l'amour de Leïla. »

—

Ne trouvez-vous donc pas que nos poètes enrubannés du dix-huitième siècle sont bien fades à côté de ces divins barbares?

Mais passons à un autre.

V

LES AIDES DE L'AMOUR

« Elle m'abandonne! — elle ne m'aime plus !

« Bien mieux, elle s'endort dans le jardin d'un autre.

« J'ai dit au chamelier :

« — O chamelier, qui chasses devant toi ces chameaux agiles, réveille-la en faisant du bruit avec ton fouet !

« J'ai dit à l'abeille :

« — O chaste buveuse de rosée, voltige de son côté et pique-la jusqu'au sang de ton dard d'or !

« J'ai dit à la nue noire et rouge :

« — O nue d'Allah, qui recèles la foudre, frappe et brûle-la pour qu'elle n'ait pas le temps de me trahir ! »

—

Cherchez donc bien, ô fureteurs : trouverez-vous beaucoup de choses qui soient meilleures que celles-là?

A Damas, où il a des loisirs, l'émir Abd-el-Kader occupe ses instants à faire des vers arabes, et de préférence des madrigaux dans le genre de ceux que je viens de rapporter.

Voyez celui qu'il vient de faire.

A UNE RIEUSE

« Dieu voit pendant la nuit noire marcher une fourmi noire au milieu d'un four.

« Dieu voit tes pensées de trahison parcourir ton cœur, si tu as un cœur et des pensées. »

Cela n'est-il pas beau comme un fragment du poème grec antique ?

Je voulais citer encore, mais il faut savoir se borner, surtout à propos des bonnes choses.

Dans cette esquisse, écrite au courant de la plume, je n'ai voulu que donner à nos Parisiennes du dix-neuvième siècle une idée même lointaine de l'art de nos sujets. — C'est bien assez pour aujourd'hui.

FIN

TABLE DES MATIÈRES

Coulommiers. — Typ. A. Moussin et Ch. Unsinger.

www.ingramcontent.com/pod-product-compliance
Ingram Content Group UK Ltd.
Pitfield, Milton Keynes, MK11 3LW, UK
UKHW031831260826
14628UKWH00001B/332

9 782012 958173